VON wegen FREUND-SCHAFT

Daniel Höra, 1965 geboren, arbeitete nach der Schule am Fließband, war Möbelträger, Altenpfleger, Taxifahrer und TV-Redakteur. Heute ist er als freier Autor tätig. Seine Jugendbücher sind bereits vielfach ausgezeichnet worden. Daniel Höra lebt in Berlin.

Daniel Hora

VON wegen FREUND-SCHAFT

CARLSEN CLIPS

Außerdem in der Reihe Carlsen Clips lieferbar:
Alles zu viel
Auf dich abgesehen
Ich glaub euch kein Wort
Ich weiß alles über dich
Immer on
Killyou!
Mehr als ein Spiel
Wir sehen uns im Westen

MIX
Papier | Fördert gute Waldnutzung
FSC® C021394

Mit Fragen zur Produktsicherheit wenden Sie sich bitte an:
carlsen.de/kontakt

Originalausgabe
Veröffentlicht in der Carlsen Verlag GmbH
Völckersstraße 14–20, 22765 Hamburg
August 2021

Umschlagbild: shutterstock.com / © Alones (469668098), Benvenuto Cellini (689928241)
Umschlaggestaltung: formlabor
ISBN 978-3-551-31975-3

Eins

„Ich bin der Neue“, stellte ich mich vor. Das fand ich witzig, aber niemand lachte. Und dann haute meine Klassenlehrerin Frau Kindermann diesen vollkommen überflüssigen Satz raus: „Matthis kommt vom Gymnasium zu uns. Er ist ein richtiges Mathe-Genie.“

„Heeeeej“, kam es aus der Klasse zurück, aber es klang eher verächtlich.

„Tja, damit hat er wohl nicht geRECHNET, dass er auf unserer Deppenschule landet“, rief ein Junge, der allein an einem Zweiertisch saß. Alle lachten.

„Richard!“ Frau Kindermann sah ihn vorwurfsvoll an, lächelte dabei jedoch nachsichtig.

„Tja, da hat er sich tatsächlich verzählt. Herzlich willkommen in der Realität, Mr. Brain“, schob Richard noch nach und lachte hämisch. Der Rest der Klasse lachte mit.

Aua! Das saß. Warum hatte Frau Kindermann erwähnen müssen, dass ich vom Gymnasium kam?

Und dass ich gut in Mathe war. Das war doch jetzt egal. Ich fühlte mich ehrlich gesagt eher als Versager, weil ich es auf dem Gymnasium nicht geschafft hatte. Schuld waren die schlechten Zensuren in Deutsch und Englisch. Dass die anderen mich als Streber ansehen könnten, wäre mir nicht mal im Traum in den Sinn gekommen.
In der nächsten Stunde hatten wir Mathe – ausgerechnet. Und ich machte mich gleich weiter unbeliebt. Als einer meiner Mitschüler, Ramon, auf eine Frage des Lehrers rumstotterte, grätschte ich ungefragt dazwischen und erklärte Ramon den Lösungsweg.
Das war gar nicht besserwisserisch gemeint. Ich wollte ihm wirklich helfen. Der Dank war ein hasserfüllter Blick von Ramon.
In der Pause stürmte er dann direkt auf mich zu und drückte mich gegen die Wand.
„Glaubst wohl, du bist was Besseres, was?“
Eigentlich hätte ich auf so einen Schwachsinn gar nicht geantwortet. Aber was blieb mir in meiner Situation schon übrig? Ich wollte nicht wie ein Opfer dastehen. Zumal einige Mitschüler neugierig zusahen.
„Nee, glaube ich nicht“, sagte ich daher und gab mir Mühe nicht allzu zittrig zu klingen.

„Ich muss dir wohl erstmal Respekt beibringen, Mr. Brain." Ramon grinste, wobei er nicht nur seine Schneidezähne entblößte, sondern auch das Zahnfleisch. Irgendwie erinnerte er mich an ein Pferd.
Ramon hob bedrohlich die Faust. Langsam machte ich mir Sorgen, dass die Sache aus dem Ruder laufen könnte. Zwar war ich etwa genauso groß wie Ramon, aber er war mindestens doppelt so breit.
„Lass ihn in Ruhe", sagte schließlich eins der Mädchen zu Ramon und schob sich zwischen uns.
„Halt dich da raus", zischte Ramon.
„Du hast doch schon eine Abmahnung. Mach es nicht noch schlimmer", fügte das Mädchen hinzu.
Anscheinend hatten die Worte des Mädchens etwas bei Ramon ausgelöst. Zwar fixierte er mich noch eine Weile, doch dann wandte er sich ab. Allerdings nicht ohne mir im Weggehen noch „Pass bloß auf, Mr. Brain" zuzurufen.
„Ramon ist eigentlich ganz in Ordnung. Aber er mag keine Besserwisser", erklärte das Mädchen. „Die mag hier übrigens niemand."
„Das bin ich auch nicht, ich wollte nur helfen."
Ihre meerblauen Augen sahen mich kritisch an.
„Tja, sagte das Mädchen, „vielleicht solltest du die

Leute erst mal fragen, ob sie deine Hilfe überhaupt wollen."

„Danke für den Tipp", gab ich zurück.

„Ich heiße übrigens Milena."

„Matthis", sagte ich.

„Nachname Brain", lachte Milena und ließ mich stehen.

Zwei

„Du weißt, wie man sich Freunde macht. Alle Achtung."
Ich drehte mich zu dem Sprecher um. Der saß im Schneidersitz auf der Tischtennisplatte und sah mich herausfordernd an. Es war Richard, der Komiker aus meiner neuen Klasse.
„Hast dir auch gleich den Richtigen für deine Freundschaftsanfrage ausgesucht", sagte Richard.
„Konnte ja nicht ahnen, dass Ramon gleich ausflippt", gab ich zurück.
„Und wieder verrechnet, Mathe-Nerd", sagte Richard, worauf ich etwas gezwungen lachte.
Aber Richard blieb ernst: „Du darfst keine Schwäche zeigen. Vor allem nicht bei solchen Schlägertypen wie Ramon. Ich kenne Ramon schon seit dem Kindergarten. Ich weiß, wie der tickt. Du musst einfach so tun, als ob du ihm überlegen wärst."
„Na ja", sagte ich. „Ich bin leider nicht so das Pokerface."

„Scheint mir auch so“, stellte Richard fest. „Dann lass dich halt verprügeln.“
„Ich bin eher der Diplomat“, sagte ich. „Ich verhandele lieber.“
„Na, wenn du meinst“, sagte Richard. Er strahlte ein unerschütterliches Selbstbewusstsein aus. Wie jemand, der genau wusste, was er wollte. Ganz im Gegensatz zu mir, dem es oft schwerfiel eine Entscheidung zu treffen. Weil ich hinterher immer dachte, ich hätte mich doch anders entscheiden sollen.
„Und was ist mit dir?“, wollte ich wissen. „Macht Ramon dich auch fertig?“
Richard antwortete nicht und ich kam mir blöd vor. Er schien nicht der Typ zu sein, der sich leicht einschüchtern ließ.
Wir schwiegen eine Weile, wobei Richard mich ungeniert musterte. Ich kam mir vor, als würde er mich prüfen. Vielleicht, ob ich interessant genug war, um sich weiter mit mir zu unterhalten.
„Hast es nicht gepackt auf dem Gymnasium“, sagte Richard plötzlich.
„Na ja, so ... so würde ich das nicht nennen“, stotterte ich. Richards brutale Offenheit hatte mich kalt erwischt.

„Du bist doch bestimmt einer von denen, die nach der Schule sofort nach Hause gehen und sich hinter ihre Bücher klemmen“, sagte Richard.
„Das stimmt nicht“, gab ich zurück und fragte mich, warum ich mich vor Richard rechtfertigte. „Ich gehe nach Hause und pflege meine Joghurt-Kulturen.“
Richard sah mich für einen kurzen Moment fragend an, bis ihm dämmerte, dass ich einen Witz gemacht hatte.
„Haha“, sagte er. „Der war nicht schlecht.“
„Um die Wahrheit zu sagen, ich war auf so einem Elite-Gymnasium. So einem für Auserwählte.“
„Wo sie im Keller zukünftige Nobelpreisträger aus Streber-DNA züchten?“
„Genau“, gab ich zurück.
Richard kniff die Augen zusammen und musterte mich von oben bis unten. „Du hast auch irgendwie so was Superstrebermäßiges an dir. So was Braves.“
„Alles nur Tarnung“, überspielte ich meinen Ärger. Richard hatte prompt eine meiner Schwachstellen bloßgelegt. Ja, ich sah brav aus. Ich hielt mich für gewöhnlich an die Regeln und machte keinen Ärger. Ich war der totale Durchschnitt. Und das störte mich. Richard schien da ganz anders zu sein. Viel draufgängerischer, selbstsicherer.

„Nicht für das Leben, für die Schule lernen wir“, zitierte ich, weil mir gerade nichts Besseres einfiel und weil eine unangenehme Pause entstanden war. „Einer der Sprüche meines Vaters“, erklärte ich. „Und am liebsten auf Latein.“

„Non vitae sed scholae discimus“, übersetzte Richard und ich war beeindruckt.

„Du kannst Latein?“

Richard winkte ab. „Dein Vater ist der Gott der Phrasen, oder?“, fragte er.

„Könnte man so sagen. Für jede Gelegenheit einen Spruch. Er tut zwar immer so, als würde er das nicht ernst meinen, aber ich bin mir da nicht so sicher.“

„Mhm“, machte Richard nur und sah an meiner Schulter vorbei zu einem laut lachenden Mädchen am anderen Ende des Schulhofes. Offenbar hatte er bereits das Interesse an mir verloren.

„Meine Eltern denken, ich wäre so ’ne Art Wunderkind. Vor allem in Mathe“, sagte ich, um das Gespräch am Laufen zu halten. „Als ich vom Gymnasium geflogen bin, ist ihre Welt zusammengebrochen“, plapperte ich weiter. „Dabei tun sie immer so locker. Aber nach einer schlechten Note heißt es gleich: *Nach der Klausur ist vor der Klausur.* Die haben bei so was echt ’ne

Macke. Aber ich habe beschlossen, nicht mehr mitzumachen."

„Verstehe. Du wirst jetzt also ein böser Junge", sagte Richard und musterte mich wieder. „Und wie stellst du das an? Leistungsverweigerung? Oder wirst du jetzt drogensüchtig, um deine Eltern zu ärgern?"

„Quatsch", lachte ich. „Ich will nur einfach nicht mehr so viel für die Schule machen", sagte ich. „Das ist ja nicht alles im Leben."

„Du hast doch keine Ahnung vom Leben", sagte Richard und sprang von der Tischtennisplatte. Dann verschwand er, ohne mich weiter zu beachten oder etwas zu sagen, ins Schulgebäude. Und ich kam mir einfach nur langweilig vor.

Drei

„Na, wie war es in der neuen Schule?", fragte meine Mutter beim gemeinsamen Abendbrot.
„War gut", sagte ich knapp, während ich von meinem Schinkenbrot abbiss. Ich hätte natürlich erzählen können, dass die Klassenlehrerin mich als eine Art Intelligenzbestie dargestellt hatte. Dass ich fast verprügelt worden wäre, dass mich ein Mädchen aus der neuen Klasse davor gerettet hatte. Und dass ich mich mit dem supercoolen Richard unterhalten hatte, der mich allerdings eindeutig langweilig fand.
Aber ich hielt den Mund. Eltern mussten nicht alles wissen. Die machten sich dann nur Sorgen, die sie letztendlich auf einen selbst abwälzten. Bei meinen Eltern kam noch dazu, dass sie Probleme in ihrer Dumme-Sprüche-Sauce ersäuften. *Probleme musst du einfach weglachen und weitermachen*. So ein Schwachsinn.
Ich hatte mir angewöhnt, ihnen nicht allzu viel zu

erzählen. Hier mal ein Häppchen, dort mal ein Häppchen und immer serviert in so einem Ist-alles-halb-so-wild-Tonfall.

„Hast du schon Freunde gefunden?", fragte mein Vater jetzt.

„Noch nicht."

„Ach, das wird schon", warf meine Mutter ein.

Ja, wird schon, wird schon, dachte ich boshaft. Ist ja auch so einfach. Man muss nur jemanden angucken, der einem sympathisch ist, und schon hat man einen Freund fürs Leben.

„Der beste Spiegel ist das Auge eines Freundes", trug mein Vater jetzt auch noch hochtrabend vor. Das sollte witzig sein, war es aber nicht. Und vor Wut hätte ich am liebsten meinen Teller quer durch die Küche gefeuert.

Um Dampf abzulassen zockte ich später ein bisschen an der Playstation. Ich spielte im Battle-Royale-Modus, konnte mich jedoch nicht konzentrieren und meine Figur starb immer wieder viel zu schnell. Nach einer Weile gab ich auf und beschloss, früh schlafen zu gehen. Gerade als ich Zähne putzte, ploppte eine Nachricht auf meinem Smartphone auf.

„Na, ersten Tag einigermaßen überlebt? Oder hast du schon die Schlinge zum Aufhängen geknüpft?", las ich. Als ich sah, von dem wem die Nachricht kam, war ich echt überrascht. Sie war von Richard. Schnell schrieb ich zurück: „Hab gedacht, ich versuche es erst mal mit Gift. Wenn das nicht klappt, nehme ich vielleicht die Schlinge."

Richard sandte ein lachendes Smiley und einen hochgereckten Daumen zurück.

Ich schrieb: „Erhängte sehen ziemlich unsexy aus. So sollen mich die Mädchen dieser Welt nicht in Erinnerung behalten." Dann fügte ich noch ein Gevatter-Tod-Smiley an und wartete auf eine weitere Nachricht. Doch es kam nichts mehr.

Ich überlegte, ob ich Richard noch einen witzigen Spruch schicken sollte, aber mir fiel nichts ein und ich wollte mich auch nicht aufdrängen.

Dann fiel mir auf, dass ich niemandem in der Klasse meine Nummer gegeben hatte. Wo konnte Richard die herbekommen haben? Seltsam, dachte ich noch, bevor ich in einen tiefen, traumlosen Schlaf sank.

Vier

Der zweite Schultag begann mit Sport. Als ich vor der noch verschlossenen Hallentür eintraf, waren die meisten aus meiner Klasse schon da. Auch Ramon, der mich eisig musterte, als überlege er, ob er mir zur Begrüßung nicht einfach eine reinhauen sollte. Milena dagegen lächelte mir aufmunternd zu. Ein paar grüßten mich, andere ignorierten mich einfach. Na ja, es würde wohl noch ein bisschen dauern, bis mich alle akzeptierten. Ich hatte mir jedenfalls fest vorgenommen, auf keinen Fall wieder den Klugscheißer zu spielen. Einfach sich unauffällig verhalten und sich anpassen.
Ich sah mich nach Richard um, aber der war noch nicht da.
„Wo ist denn Richard?“, fragte ich Milena. In dem Moment kam er grinsend auf uns zu.
Mir fiel auf, dass sich sofort etwas in der Gruppe veränderte. Fast alle wollten Richards Aufmerksamkeit auf sich ziehen. Sie machten witzige Sprüche, nahmen sich gegenseitig auf den

Arm. Sie schienen sich plötzlich alle von ihrer coolsten Seite zeigen zu wollen. Ein blöder Spruch meines Vaters fiel mir ein: *Wenn der Leitwolf bellt, dann bellt das Rudel mit*.

Richard klatschte einige der Jungs ab, umarmte ein paar Mädchen, witzelte rum, lächelte anderen zu und ein paar wenige bedachte er lediglich mit einem Kopfnicken. Aber ausnahmslos jeder bekam Richards Aufmerksamkeit. Auch Milena, die allerdings zurückhaltend reagierte. So als wäre sie von Richards Auftritt eher genervt.

Bislang hatte Richard mich ignoriert. Ich bin für ihn eben der Langweiler, dachte ich. Der Superstreber. In diesem Moment kam er auf mich zu, grinste mich an und hielt mir die Faust zum Check hin. Ich schlug meine dagegen.

„Na, alles klar?“, fragte Richard.

„Alles klar“, gab ich zurück.

„Hast du schön gehört, Rich?“ Mit diesen Worten drängte sich Ramon zwischen uns. „Benny hat gestern zu Olga *kleine Bitch* gesagt. Und Olga hat Benny dann *große hässliche Bitch* genannt.“ Ramon lachte dreckig.

Ich hatte schon mitbekommen, dass Olga ein Junge war, der in Wirklichkeit Oleg hieß. Manche nannten ihn Olga, weil er sich gerne die

Fingernägel lackierte und Make-up und Eyeliner trug.
Richard schlug Ramon auf die Schulter und sagte „Behalt das mal im Auge", wobei er mir über Ramons Schulter hinweg zuzwinkerte. Ich fand es gut, dass Richard diesem Gerede keine weitere Beachtung schenkte.
„Ich finde, Olga wird langsam etwas übermütig", sagte Ramon jetzt.
„Vielleicht sollten wir die Hexenverbrennung wieder einführen", mischte ich mich ein.
Alles an Ramons Haltung deutete darauf hin, dass er mich ätzend fand. Er warf mir einen genervten Blick zu und gesellte sich zu einer anderen Gruppe.
Warum musste ich auch immer so einen Quatsch von mir geben. Kein Wunder, dass niemand mit mir befreundet sein wollte.
Richard hingegen lächelte mir verschwörerisch zu. Da fiel mir etwas ein: „Woher hast du eigentlich meine Handynummer?"
„Klassenliste", sagte Richard nur.
„Die liegt doch bei Frau Kindermann in der Schublade. Da darf man doch gar nicht ran."
Er warf mir einen vielsagenden Blick zu. „Ich schon. Ich hab hier Sonderrechte."

Fünf

Nach dem Umziehen gingen wir raus auf den Sportplatz. Der Lehrer wies uns an, zwei Gruppen zu bilden. Eine sollte Basketball spielen und die andere Hürdenlauf machen. Ich ging zu der Gruppe, in der Richard war.

Er war der Spielführer des einen Basketball-Teams, ein Mädchen namens Gwendolyn führte das andere an. Ich freute mich, als Richard mich in seine Mannschaft wählte.

„Dann zeig mal, was du draufhast", raunte er mir bei Spielbeginn zu.

Leider nicht allzu viel, wie sich bald zeigte. Gleich in den ersten vier Minuten ließ ich mir dreimal den Ball abnehmen, spielte zweimal falsch ab, ließ mich von Ramon umrempeln und war dafür verantwortlich, dass wir drei Körbe kassierten. Mein Team war ziemlich sauer auf mich, wie ich an den missbilligenden Blicken feststellen musste.

„Mach dir nix draus", sagte Richard vor dem nächsten Anpfiff zu mir. Dabei hatte ich ihm und auch den anderen beweisen wollen, dass ich keine Lusche war.

Richard spielte elegant. Es sah so mühelos aus, wie er durch die Reihen der Gegner tänzelte und einen Korb nach dem anderen warf. Ich wünschte, ich könnte das auch. Aber im Vergleich zu Richard kam ich mir plump und unbeholfen vor. Trotzdem blieb Richard cool, wenn ich oder ein anderer aus dem Team einen Fehler machte.

Beim anschließenden Hürdenlauf schnitt ich zum Glück besser ab. Als ich keuchend am Rand der Tartanbahn saß, hockte Richard sich neben mich.

„Du bist nicht so der Teamplayer, stimmt's?"

„Wie meinst du das?", wollte ich wissen.

„Na ja", sagte Richard. „Ist mir beim Basketball aufgefallen. Du hast gespielt, als wärst du allein auf dem Platz. Du hättest öfter abgeben müssen. Teamarbeit eben. Beim Hürdenlauf bist du besser. Da musst du auf niemanden Rücksicht nehmen."

Ich wollte widersprechen. Ich hatte mich doch ins Zeug gelegt, für die Mannschaft. Zumindest hatte ich es versucht.

„Aber das macht ja nichts", fuhr Richard fort. „Es gibt nun mal verschiedene Typen. Manche kämpfen lieber allein und manche entwickeln ihre Stärken in der Gruppe."

Was redete er da? Über so etwas hatte ich mir noch nie Gedanken gemacht. Könnte Richard recht haben? Es stimmte schon. Ich spielte wirklich nicht gern im Team. Mich nervte dieses Großkotzige dabei. Das gegenseitige Abfeiern oder auch das gegenseitige Fertigmachen, wenn einem mal ein Fehler passierte. So als würde die Welt untergehen, weil man den Ball ins Aus schoss oder so was.
„Toller Hüftschwung", riss Ramons Stimme mich aus meinen Gedanken. Er hatte damit Olegs Hürdenlauf kommentiert. Oleg zeigte ihm den Stinkefinger, worauf Ramon lachte und „Später, Darling" rief.
Richard wies mit dem Kopf in Richtung Milena, die Oleg gerade die Wasserflasche reichte.
„Süß", sagte Richard lächelnd.
Ich war mir nicht sicher, ob er das ernst meinte oder ob er sich über die beiden lustig machte.
„Die beiden sind gut befreundet, oder?" fragte ich.
Richard zuckte mit den Schultern und sagte: „Was heißt schon befreundet? Das sind doch oft Zweckgemeinschaften, wenn Leute sich zusammentun."
„Warum sollten die beiden sich zusammentun?", wollte ich wissen.

„Oleg ist schräg und Milena ist schlauer als die anderen. Das macht sie zu was Besonderem. Die meisten hier sind nur Durchschnitt." Er kniff die Augen zu schmalen Schlitzen zusammen und fügte hinzu: „Ich wette, Milena ist sogar klüger als du, Mr. Brain."
Ich lachte. „Niemand ist klüger als ich."
Richard sah mich prüfend an und sagte dann ernst: „Sei dir da nicht so sicher. Vielleicht checke ich das mal aus."

Sechs

Oleg und ich hatten einen ähnlichen Heimweg, wie wir feststellten, und so gingen wir ein Stück gemeinsam. Wenn man sich mit Oleg allein unterhielt, war er witzig und aufgeschlossen. Deshalb traute ich mich auch, ihn zu fragen, warum die anderen ihn Olga nannten.

„Was glaubst du wohl?", fragte er, statt zu antworten, stellte sich in einer tänzerischen Pose hin, breitete die Arme aus und drehte sich um die eigene Achse.

„Stehst du auf Jungs?", wollte ich wissen.

„Jungs?", fragte Oleg übertrieben empört. „Igitt". Er lachte. „Übrigens stört es mich nicht, wenn sie mich Olga nennen. Das ist wie ein Kampfname, der dir von deinen Feinden verliehen worden ist." Er salutierte. „Ich trage ihn mit Stolz, Sir."

In diesem Moment hörten wir eine Stimme hinter uns sagen: „Ah, hat Olga einen neuen Verehrer?"

Ich drehte mich um und sah Ramon und einen fremden Jungen hinter uns laufen.

Oleg drehte sich um, stellte sich breitbeinig hin und sagte: „Ja, Ramon, ich bin dir untreu geworden. Du schaust zu viel anderen Jungs nach in letzter Zeit."
Ramons Gesicht wurde erst weiß, dann rot vor Wut. „Du kleine Schwuchtel", sagte er gepresst.
„Wieso klein?", gab Oleg zurück. „Du bist doch nicht viel größer als ich. Nur viel dicker."
Ramon ballte die Fäuste und ich befürchtete, dass es gleich zu einer Schlägerei kommen würde. Oleg machte nicht den Eindruck, als werde er klein beigeben.
Was würde ich dann tun? Zusehen? Dazwischen gehen? Vielleicht würde sich auch der andere Junge auf mich stürzen, der mich sowieso schon die ganze Zeit über anstarrte.
Schließlich entspannte sich Ramon.
„Verschwindet einfach", sagte er.
Das taten wir auch. Ohne einen weiteren Kommentar.
„Richard ist der Einzige, der Ramon im Griff hat", sagte Oleg, als wir weitergegangen waren. „Die kennen sich seit Ewigkeiten. Seit dem Kindergarten, hat Richard mal erzählt."
„Richard scheint überhaupt alles im Griff zu haben", sagte ich scherzhaft, worauf Oleg aber

nicht einging. „Aber Milena scheint ihn nicht so zu mögen."
„Hat sie dir das gesagt?", fragte Oleg überrascht.
„Nein, aber es kommt mir so vor."
„Dabei waren sie mal zusammen."
„Ernsthaft?", fragte ich ungläubig.
Oleg nickte. „Ich meine, sie sind Prinz und Prinzessin der Klasse, die mussten einfach zusammenkommen. Hat aber nicht lange gehalten. Vielleicht drei Wochen oder so."
„Warum nur so kurz?"
Oleg zuckte die Achseln. „Weiß nicht so recht. Milena hat mir nicht alles erzählt. Sie hat nur Andeutungen gemacht. Ich glaube, sie findet ihn zu oberflächlich. Aber das ist ganz allgemein Milenas Problem."
Ich sah Oleg fragend an.
„Milena ist ..." Oleg rieb sich nachdenklich die Nase. „Sie ist anspruchsvoll. Sie mischt überall mit. Sie ist so eine Engagierte, verstehst du?" Als ich verneinte, erklärte Oleg: „Sie ist Klassensprecherin, Schülersprecherin, organisiert die Fridays-for-Future-Demos bei uns und so weiter. Immer unter Strom. Und Richard dagegen ist so ein Sonnyboy, dem alles in den Schoß fällt. Der cool ist, immer einen witzigen Spruch macht.

Dem aber auch alles scheißegal ist. Denkt Milena jedenfalls."
„Du denkst das nicht?", fragte ich.
„Ich weiß nicht", erwiderte Oleg. „So einfach ist die Welt ja nicht. Es gibt ja nicht nur Schwarz und Weiß. Und außerdem hat jeder so seine Rolle in einer Gruppe. Du bist der Neue, Milena ist die Weltretterin, ich bin der Paradiesvogel, Ramon ist der Aggro-Typ und Richard eben der Sonnyboy. Er kann die Leute mitreißen, ohne sich groß anstrengen zu müssen. Milena kann das nicht, weil sie selber anstrengend ist. Sie fordert einen immer wieder raus mit ihrer Art. Und wenn du von ihr akzeptiert werden willst, dann musst du dich ins Zeug legen. Richard nimmt die Leute eher so, wie sie sind. Aber so ganz astrein ist er auch nicht."
„Wieso?", fragte ich.
„Weil Richard rüberkommt wie einer, der keine Sorgen kennt. Aber ich glaube einfach nicht, dass es Menschen gibt, die keine Probleme haben. Ich habe bei Richard immer ein komisches Gefühl, dass er nicht echt ist. Das er uns was vorspielt."
Ich hätte Oleg gern noch weiter über Richard ausgefragt, aber ich wollte nicht den Eindruck erwecken, ich würde mich allzu sehr für Richard interessieren. Tat ich aber. Irgendwie faszinierte er

mich. Jemanden wie Richard hatte ich noch nie kennengelernt.
Aber auch Oleg wurde mir immer sympathischer. Und als er vorschlug, noch mit zu ihm zu kommen und Tischtennis zu spielen, willigte ich ein.
Oleg hatte eine Tischtennisplatte im Hobbykeller. Nachdem wir eine Weile gespielt hatten, sagte er: „Hey, soll ich dir mal was zeigen?"
„Klar", sagte ich.
Er ging zu einem Regal, aus dem er eine kleine Schachtel nahm.
„Tadaaa!", sagte er und hob den Deckel ab. Darin lag eine goldene Uhr. Oleg nahm sie raus und drehte sie um. Auf der Rückseite waren sein Geburtstag und sein Sternzeichen eingraviert.
„Haben mir meine Eltern zur Konfirmation geschenkt", sagte er stolz. Er machte sich die Uhr um. „Die trage ich nur zu Hause."
„Warum nicht in der Schule?", fragte ich.
„Ich hab Schiss, dass ich sie verliere", gab Oleg zurück.
„Dann wirf sie doch ins Meer", schlug ich vor. „Dann weißt du immer, wo sie ist."
„Ha, Ha! Einen ähnlich dämlichen Spruch hat Richard auch schon mal gemacht."

Sieben

In den nächsten Tagen zeigte ich mich in der neuen Klasse von meiner besten Seite. Ich verbesserte niemanden, war freundlich, machte alles mit und allmählich schienen mich die anderen zu akzeptieren.
Bis zu dem Morgen, an dem Ramon mir ohne Vorwarnung seine Faust aufs Auge knallte. Ich ging benommen zu Boden. Ramons Gesicht tauchte vor mir auf. Es schien irgendwie zu wabern. Mal wurde es größer, dann wieder kleiner. Wie in einem seltsamen Traum.
Im Hintergrund waren aufgeregte Stimmen zu hören. Ich konnte sie aber niemandem zuordnen. Dann schälte sich eine Stimme raus: „Ramon, hör auf. Lass ihn.“ Richard!
Langsam konnte ich auch wieder klarer sehen. Richard hatte Ramon in eine Ecke gedrängt, wo er auf ihn einredete. Ramon gestikulierte und zeigte immer wieder in meine Richtung. „Dieser Drecksack“, hörte ich ihn rufen.

Ich robbte zur Wand, lehnte mich an und atmete tief durch. Ein paar Mitschüler standen um mich rum und sahen mir dabei zu. Niemand half mir. Außer Milena. Sie hockte sich vor mich und tupfte mir mit einem nassen Papiertuch das Gesicht ab. Oleg stand dahinter und sagte: „Dein Auge wird schon jetzt blau." Ich versuchte zu lächeln, aber mir tat alles weh.
„Nein, Ramon, du lässt ihn jetzt in Ruhe", hörte ich Richard sagen. „Sonst musst du dich erst mal mit mir schlagen."
Ramon nickte fügsam. Dann kam Richard auf mich zu, hockte sich neben Milena und betrachtete mich besorgt.
„Ziemliches Veilchen", kommentierte er dann.
„Ich mag Blumen", gab ich zurück, worauf er lachte. „Ich verstehe nicht, warum er das gemacht hat", sagte ich.
Richard sah mich prüfend an. „Wirklich nicht?"
„Nein. Ich habe ihm nichts getan."
„Und der Anruf?", fragte Richard zurück.
„Was für ein Anruf."
„Na, bei Ramons Eltern."
Ich machte ein fragendes Gesicht.
„Ramon hat gesagt, dass du gestern bei ihm zu Hause angerufen hast."

„Nein“, sagte ich. Ich kam mir vor wie auf der Anklagebank, da mich alle streng anstarrten.
„Du hast gesagt, du willst dich mit Ramon treffen, weil ihr zusammen die Berichtigung für die Mathearbeit machen wollt.“
Ich verstand überhaupt nichts mehr. Wir hatten am Tag zuvor unsere Mathearbeit zurückbekommen, das stimmte. Und Ramon hatte dabei ziemlich schlecht abgeschnitten. Aber ich wäre doch nie auf die Idee gekommen, ihm bei der Berichtigung zu helfen. Vor allem nicht ungefragt.
„Ramons Eltern wussten nichts von der Mathearbeit“, fuhr Richard fort. „Er lässt schlechte Arbeiten manchmal in seinem Spind verschwinden, weil er bei schlechten Noten ziemlichen Ärger zu Hause kriegt.“
„Aber die muss er doch von seinen Eltern unterschreiben lassen.“
Richard lächelte mehrdeutig. „So was kann man ja auch nachmachen.“
„Aber ich habe nicht bei ihm angerufen. Das ist doch total irre. Warum sollte ich so was machen?“
„Warum wohl?“, rief einer meiner Mitschüler.
„Weil du dich rächen wolltest. Weil du Ramon schon am ersten Tag blöd gekommen bist.“
„Das ist doch Unsinn“, gab ich zurück. Als ich

noch etwas hinzufügen wollte, betrat unsere Klassenlehrerin Frau Kindermann den Raum. Sie machte ein ziemliches bestürztes Gesicht, als sie mich auf dem Boden hocken sah. „Dein Auge“, sagte sie. „Das sieht ja schlimm aus!“

„Was ist denn passiert?“, fragte sie in die Runde. Alle schwiegen und warteten auf meine Antwort. Ich war drauf und dran, Frau Kindermann zu erzählen, dass Ramon mich geschlagen hatte. Er würde garantiert eine weitere Verwarnung bekommen und die nächste würde sicherlich auch nicht lange auf sich warten lassen. Und dann würde Ramon bald von der Schule fliegen und ich hätte meine Ruhe. Aber ich brachte es nicht über mich und so sagte ich: „Wir haben rumgealbert und dann bin ich gegen den Fenstergriff geknallt.“ Frau Kindermann sah mich zweifelnd an. Ich rechnete fast damit, dass sie meine Erklärung nicht schluckte. Tat sie aber. Und von den anderen machte auch niemand Anstalten, die Wahrheit zu sagen. So war es offiziell ein Unfall und wurde im Klassenbuch auch so vermerkt.

Frau Kindermann bot mir an, nach Hause zu gehen, aber ich lehnte ab. Das wäre mir wie ein Schuldeingeständnis vorgekommen.

In der kleinen Pause kam Ramon zu mir, stützte

sich mit den Fäusten auf die Tischplatte und sagte: „Kannst froh sein, dass Richard dazwischengegangen ist, sonst wär das andere Auge auch noch blau, du Penner. Wie kommst du eigentlich auf diese Scheiße? Bist du dumm?"
„Ich habe nicht bei euch angerufen. Wirklich nicht", verteidigte ich mich.
„Wer denn sonst? Meinst du, dass irgendeiner deinen Namen benutzt und bei uns anruft? Das klingt wie 'ne beschissene Ausrede."
Ich schwieg. Das klang tatsächlich wie eine Ausrede und egal, was ich sagte, Ramon würde mir sowieso nicht glauben.
Richard hatte sich ganz in unserer Nähe postiert. So als würde er eingreifen, falls Ramon sich wieder auf mich stürzte.
„Meine Eltern haben mir die Playstation weggenommen. Die kriege ich erst wieder, wenn die nächste Arbeit besser wird", beschwerte sich Ramon.
„Vielleicht können wir ja zusammen lernen", schlug ich Ramon vor. „Ich könnte dir helfen."
Ramon schnaubte. „Nee, lass mal, du hast mir schon genug geholfen. Aber wenigstens hast du mich bei Frau Kindermann nicht verraten. Scheinst ja doch so was wie Eier zu haben."

Acht

Eisige Stimmung empfing mich am nächsten Tag in der Klasse. Einige taten so, als wäre ich Luft, andere warfen mir böse Blicke zu. Jetzt war ich endgültig bei den anderen unten durch. Ich war jetzt nicht mehr nur der Neue, Mr. Brain, ich war auch noch jemand, dem man nicht trauen konnte. Jemand, der als hinterhältig und verlogen galt.
In der großen Pause stand ich allein auf dem Schulhof rum. Niemand sprach mich an, niemand wollte etwas mit mir zu tun haben, aber fast alle warfen mir komische Blicke zu. Wenn ich zurückschaute, sahen sie schnell weg. Mein „Verrat" war anscheinend in der ganzen Schule rumgegangen.
Wenigstens Oleg winkte mir zu. „Muss zur Schülerratssitzung", rief er im Vorübergehen.
Zu meinem Erstaunen gesellte sich Richard zu mir.
„Hast du keine Angst um deinen guten Ruf?", zog ich ihn auf. Doch er winkte nur ab.

„Ich habe noch mal nachgedacht", begann er das Gespräch. „Wenn wirklich jemand anders bei Ramon angerufen hat ..."
„Dann glaubst du mir?", fragte ich vorsichtig.
„Ehrlich gesagt wirkst du auf mich nicht wie jemand, der anderen gerne eins auswischt."
Ich war erleichtert. Dass Richard mir glaubte, war mir viel wert.
„Aber wer war es dann?", fragte er. „Es muss ja jemand sein, der Ramon nicht mag."
„Da wird es wahrscheinlich nicht wenige geben", lachte ich.
„Die halbe Schule", sagte Richard. „'ne Menge Leute hier haben Schiss vor Ramon, weil er erst zuschlägt, bevor er fragt."
„Oder es war jemand, der mich nicht mag", überlegte ich, worauf Richard nickte und sagte: „Das wäre dann ja auch die halbe Schule."
„Haha", machte ich.
Dann wurde Richard schlagartig wieder ernst.
„Aber jetzt mal im Ernst. Fällt dir jemand ein, der Ramon eins auswischen will?"
Ich überlegte krampfhaft.
„Weißt du jemanden, der Stress mit Ramon hat?", hakte Richard nach.
Tatsächlich fiel mir jemand ein. Ich scheute mich,

seinen Namen auszusprechen, weil es mir wie Verrat vorkam und ich ja auch keine Beweise hatte. Aber Richard hatte das Talent, Infos aus einem rauszuholen, indem er einfach nur dasaß und einen aufmunternd ansah. Man kam automatisch ins Reden, um das verlegene Schweigen zu brechen. Dabei vermittelte er einem, dass es völlig in Ordnung wäre, offen und ehrlich zu sein und vielleicht sogar Geheimnisse preiszugeben.
„Oleg?", sagte ich halb fragend.
„Oleg?", fragte Richard erstaunt zurück. „Das glaubst du doch selber nicht. Der hat so seine Macken, aber das würde er nie tun."
„Ich glaub's ja auch nicht", sagte ich.
„Du kannst nicht einfach so ein Gerücht in die Welt setzen", sagte Richard.
Er hatte ja recht. Es gab immer jemanden, der an ein Gerücht glaubte und es weitertratschte. Und dann entwickelte es ein Eigenleben, spukte durch die Köpfe und richtete Schaden an.
„Obwohl ... Oleg hat schon mal ziemlichen Mist gebaut." Richard brach ab.
„Was meinst du damit?", wollte ich wissen.
Richard schien zu überlegen, ob er es mir erzählen sollte.
„Nun sag schon", forderte ich ihn auf.

„Angeblich haben Oleg …“, begann er zögernd, „… und Ramon mal rumgemacht.“
„Was?“, rief ich erstaunt.
„Oleg hat das überall rumerzählt. Später hat er es zwar wieder abgestritten, aber da wusste es schon jeder. Dabei waren die beiden vorher echt gute Freunde. Aber seitdem ist Ramon von Oleg total angepisst.“
„Shiiiit!“, sagte ich, wobei ich das Wort wie Kaugummi in die Länge zog.
In mir fing es an zu arbeiten. Irgendwie hatte Richard ein gewisses Misstrauen gegenüber Oleg bei mir geweckt. Dabei mochte ich Oleg eigentlich. Normalerweise konnte ich mich auf mein Bauchgefühl verlassen, wenn ich Leute kennenlernte. Und bei Oleg hatte ich bislang nicht den Eindruck gehabt, dass er hinterhältig war. Andererseits hatte meine Mutter schon mal gesagt, ich wäre oft zu vertrauensselig bei Fremden. Ja, weil ich mir einfach nicht vorstellen konnte oder wollte, dass andere Menschen aus purer Bosheit handelten.
„Vielleicht war es ja auch nicht Oleg“, sagte ich vorsichtig.
„Ja, vielleicht“, gab Richard zurück.
Wir überlegten noch ein wenig, kamen aber zu

keinem Ergebnis. Ich hoffte, dass die Geschichte sich irgendwann aufklären würde.
„Vielleicht gehst du Ramon in den nächsten Tagen aus dem Weg", schlug Richard vor.
„Auf jeden Fall", gab ich zurück. „Ich hab keine Lust, mir auch noch das andere Auge zerkloppen zu lassen. Danke für deine Hilfe übrigens."
Richard nickte nur kurz.
„Ähm", begann ich zögernd, weil ich mich nicht so recht traute, Richard zu fragen. Doch er sah mich aufmunternd an. „Wie wäre es mit Kino heute Nachmittag? Karte, Popcorn, Getränk auf meine Kosten", sagte ich. „Für die Unterstützung gegen Ramon."
Richard sah mich erstaunt an und ich bereute meinen Vorschlag. Ich spielte einfach nicht in seiner Liga. Zu meinem Erstaunen sagte er jedoch: „Okay. Aber du musst mich wegen Ramon nicht einladen. Ich hab dir nicht geholfen, damit ich umsonst ins Kino komme. Ich zahle meine Karte selber." Richard kratzte sich am Kinn. „Obwohl, warum nicht?", sagte er lachend. „Das wäre doch ein Geschäftsmodell. Ich helfe Leuten gegen Ramon oder andere Typen und lasse mir dann einen ausgeben."

Neun

„Hab schon alles besorgt“, rief ich Richard entgegen, hielt die Karten hoch und zeigte auf Popcorn und Getränke, die ich neben mir auf einer Bank deponiert hatte.

„Ich geb dir das Geld nachher wieder. Ich hab mein Portemonnaie vergessen“, sagte er, während er seine Karte nahm und einen Blick daraufwarf.

Ich hielt ihm die Tür auf. „Warte mal“, sagte Richard und blieb stehen. Er hielt mir die Karte vors Gesicht. „Das ist der falsche Film.“

„Nee“, sagte ich. „Das ist genau der Film, den wir sehen wollen.“

Ich nahm meine Karte und las laut: *Stufen ins Jenseits.*

„Ja, eben“, sagte Richard. „Ich hab keine Lust auf Schwachsinn. Ich dachte, wir wollten *Ein falsches Leben* gucken. “

Ich war komplett verwirrt. Wir wollten den Horrorfilm *Stufen ins Jenseits* ansehen. Wir hatten zwar kurz über das Drama *Ein falsches Leben* gesprochen, waren uns aber schnell einig gewesen, dass wir beide keine Lust darauf hatten. Auch wenn der Film mehrere Preise abgeräumt hatte. Aber eine Frau, die herausfindet, dass ihre Mutter eigentlich jemand ganz anders ist und eine düstere Vergangenheit hat, interessierte mich eher weniger.

„Ich will den aber sehen", sagte Richard bestimmt.

„Das habe ich dir auch gesagt."

„Aber ich hab das so verstanden, dass du den irgendwann vielleicht mal sehen willst und das wir heute in *Stufen ins Jenseits* gehen."

„Dann hast du mir wohl nicht richtig zugehört", sagte Richard.

„Aber ich glaube echt –", begann ich, aber da fiel mir Richard schon ins Wort.

„Scheiße, Mann. Kein Wunder, dass die Leute denken, du wärst irgendwie komisch."

„Was, wieso?", fragte ich verwirrt. „Was meinst du, wieso komisch?" Doch Richard ging nicht weiter darauf ein. Er grinste sogar, als hätte er nur einen Witz gemacht.

Ich war verunsichert. Vielleicht hatte ich wirklich falsch verstanden, welchen Film Richard sehen wollte.

„Also, das tue ich mir jedenfalls nicht an", sagte

Richard und gab mir die Karte zurück. „Ich will ja nicht verblöden. Vielleicht kannst du die ja noch umtauschen."
Während Richard vor dem Kino wartete, erklärte mir der Verkäufer, dass er die Karten nicht zurücknehmen könne. Der Film habe schon angefangen. Ich überlegte kurz, ob ich Richard nicht doch überreden könnte, *Stufen ins Jenseits* zu gucken. Doch ich war mir ziemlich sicher, dass er dann endgültig gehen würde. Zähneknirschend kaufte ich zwei neue Karten für *Ein falsches Leben*. Ich musste Richard ja nicht erzählen, dass die anderen Karten nun verfallen würden. War ja anscheinend meine eigene Blödheit.
Richard grinste, als ich ihm die Tickets unter die Nase hielt.
„Fehler sind immer zu vergeben, wenn man den Mut hat, diese auch zuzugeben", trug er lachend vor.
Ich lachte ebenfalls. „Hast du den etwa von meinem Vater?", fragte ich.
„Nee, von Bruce Lee."
Lachend gingen wir hinein.

Zehn

„Boah, war der schlecht“, sagte Richard. „Was für eine billige Story, alles so durchschaubar.“
Ich stimmte Richard zu, im selben Moment jedoch ärgerte ich mich über mich selbst. Eigentlich hatte ich den Film gar nicht so schlecht gefunden wie erwartet. Außerdem wusste ich manchmal erst Tage später, ob ich etwas schlecht oder gut fand. Ich musste erst einmal darüber nachdenken. Wieso konnte ich das Richard nicht sagen? Wieso konnte ich nicht einfach dazu stehen, eine andere Meinung zu haben? Vielleicht, weil ich es schon zu Hause nicht gelernt hatte? Meine Eltern hatten mir immer wieder eingeimpft, nutzlosen Streitereien aus dem Weg zu gehen. *Man kann auch mal nachgeben. Gerade bei kleineren Konflikten. Damit verschenkt man sich nichts und es kostet nur Energie.* Sie hatten ja auch recht damit, aber bei mir führte es leider oft dazu, das ich mich anderen anpasste und mit meiner Meinung hinter dem Berg hielt. Aus

Angst, die anderen zu vertreiben. Nix, worauf ich stolz war.

„Hey, wollen wir noch was trinken?", fragte Richard.

„Klar", pflichtete ich ihm bei.

Wir marschierten zum Späti gleich um die Ecke. Der war ein beliebter Treffpunkt bei Leuten unseres Alters. Und tatsächlich standen bestimmt zwei Dutzend Jugendliche vor dem Laden. Auch ein paar von unserer Schule und sogar drei aus unserer Klasse, die mich zaghaft grüßten. Bestimmt nur, weil ich mit Richard unterwegs bin, dachte ich.

Richard wurde begrüßt wie der verlorene Sohn. Er kannte dort anscheinend jeden.

„Gib noch mal ein bisschen Geld", sagte er zu mir. „Kriegst du alles wieder."

Ich gab ihm einen Zwanzig-Euro-Schein.

„Ich hol uns was zu trinken", sagte Richard vergnügt und verschwand im Laden. Erst nach einer Ewigkeit tauchte er wieder auf. Mit mehreren Bieren unter dem Arm. Richard reichte mir eine Flasche. Ich zögerte, ich hatte erst ein- oder zweimal Bier probiert und mochte es auch nicht besonders.

„An deiner Streberschule gab es wahrscheinlich

eher Champagner, oder?“, zog Richard mich auf. Ein paar der Umstehenden lachten. Um ihnen zu beweisen, dass ich nicht so ein Loser war, wie sie dachten, nahm ich die Flasche, setzte an und trank einen großen Schluck. Dabei verschluckte ich mich jedoch und hustete die Hälfte wieder aus. „Lass es langsam angehen“, sagte Richard, schlug mir auf die Schulter und verschwand in der Menge. Ich stand allein da und kam mir komisch vor. War ich jetzt abgemeldet bei Richard? Ich schaute nach den Leuten aus meiner Klasse. Sie hatten mir den Rücken zugedreht, sie schienen nicht besonders scharf darauf zu sein, mit mir zu reden.

Ich sah mich nach Richard um, konnte ihn jedoch nicht entdecken. Wieso lässt der mich hier stehen, ärgerte ich mich. Dann brauchte er mich auch nicht zu fragen, ob ich mitkomme. So was würde ich mit einem Freund niemals machen. Aber vielleicht betrachtete er mich ja auch nicht als Freund. Ich war einfach ein Mitschüler, mit dem er im Kino gewesen war.

Vielleicht sollte ich einfach gehen, überlegte ich. Doch mittlerweile hatte das Bier seine Wirkung getan. Alles fühlte sich irgendwie leichter an. Und so stellte mich zu den anderen aus meiner Klasse.

Eins der Mädchen hieß Lucia, das andere Malu. An den Namen des Jungen konnte ich mich nicht erinnern. Den dreien war es unangenehm, dass ich mich zu ihnen stellte, das merkte ich sofort.

„Und, was geht?“, plapperte ich los, um die peinliche Situation zu überbrücken. Sie sahen mich genervt an. „Was soll gehen?“, gab Malu zurück.

„Alles, was nicht steht, sitzt oder liegt“, sagte Lucia.

„Der war gut“, sagte ich, begeisterter als beabsichtigt. „Oder alles, was nicht tot ist oder fliegt oder schwimmt oder kriecht“, führte ich den blöden Witz weiter fort. Sie gingen gar nicht darauf ein und führten stattdessen ihr ursprüngliches Gespräch weiter. Dabei ging es um ein Mädchen unserer Schule, das sich die Nase hatte verkleinern lassen. Ich nahm einen großen Schluck Bier und mischte mich in das Gespräch ein.

„Ist ja auch blöd, wenn man so einen Riesenzinken hat.“ Die drei sahen mich kurz an und redeten dann weiter.

„Ich meine, nicht nur, dass das blöde aussieht, das kann ja auch mal zu Atemproblemen führen. Die Nebenhöhlen sind bei so einer großen Nase …“

„Warum gehst du nicht woanders klugscheißen?“, unterbrach mich Lucia schroff. „Kein Wunder, dass Richard dich hier abgestellt hat, wenn du immer so einen Müll von dir gibst.“
„Ich weiß sowieso nicht, warum Richard sich überhaupt mit dir abgibt“, fing jetzt auch Malu an. „Erst würgst du Ramon einen rein an und dann schleimst du dich auch noch bei Richard ein.“ Der Junge schüttelte den Kopf. „Denkst du etwa, wir peilen das nicht, Mr. Brain? Hältst du uns für dämlich, weil du auf dem Gymnasium warst?“
„Nein, wie kommst du denn darauf?“, sagte ich verteidigend. „Ich wollte mich nur unterhalten.“
Die drei sahen mich kalt an, drehten sich um und gingen ein paar Meter von mir weg.
„Ich würde sagen: Läuft bei dir“, sagte jemand.

Elf

„Milena“, rief ich erfreut.
Milena sah erst zu der Flasche in meiner Hand, dann zu mir, bevor sie sagte: „Ertränkst du jetzt deinen Frust im Suff?“
„Ich bin nicht frustriert“, gab ich zurück. War ich zwar, aber das musste ich Milena ja nicht auf die Nase binden. Um das Gespräch in eine andere Richtung zu lenken, erzählte ich ihr von dem Film.
„Ihr hättet in den Horrorfilm gehen sollen“, sagte Milena. „Der war echt gut.“
Ich war erstaunt. Dass sie Horrorfilme mochte, hätte ich nicht erwartet.
„Ich steh total auf Horror“, gestand sie mir. „Filme, Bücher ganz egal.“
Sie plapperte gleich drauflos, was ihr daran so gut gefiel. Sie war ganz anders als in der Schule, viel witziger und entspannter, als ich erwartet hatte.
„Und wo ist Richard jetzt?“, fragte sie, nachdem unser Gespräch etwas stockte.
„Keine Ahnung. Soll ich ihn suchen?“

Milena sah mich prüfend an. „Glaubst du, Richard ist die Sonne, um die wir alle kreisen?"
„Nein", sagte ich.
„Du stehst auf Richard, oder?"
„Ich bin nicht schwul", sagte ich entrüstet.
„Das meine ich auch nicht", sagte sie. „Aber fast alle Jungs wollen mit Richard befreundet sein."
„Du magst ihn nicht besonders, wie?", fragte ich.
„Weil er mit dir Schluss gemacht hat."
Sie lächelte spöttisch. „Hat Oleg dir das erzählt?"
„Nee, nur dass ihr zusammen wart."
„Passte halt nicht", sagte Milena.
„Ja, Oleg hat auch so was gesagt."
„Was hat er denn genau gesagt?", wollte Milena wissen.
„Na ja, dass ihr zu verschieden seid."
Sie wartete darauf, dass ich weitersprach.
„Und dass du ihn oberflächlich findest."
„Ah, das hat Oleg ja diplomatisch ausgedrückt", sagte sie schnippisch.
„Was ist es denn, das mit Richard nicht stimmt?", fragte ich.
„Bei Richard stimmt gar nichts", sagte sie. „Du solltest ..."
Sie konnte ihren Satz nicht zu Ende bringen, da Richard sich zu uns gesellte.

„Ah, Miss Superklug“, sagte er böse und betrachtete Milena angewidert, als hätte er ein ekliges Insekt vor sich. Er wirkte ziemlich angetrunken.
„Wenn du dich mit Mr. Brain zusammentust, würden eure Kinder Superbrains werden.“ Er lachte über seinen eigenen dämlichen Witz.
Milena grinste ihn nur überlegen an. Ich sagte gar nichts.
Richard legte mir den Arm um die Schulter und nuschelte: „Hast du noch Geld?“ Ich kramte meinen letzten Fünfer raus und gab ihn Richard.
„Komm gleich wieder“, sagte er. Er wandte sich ab, überlegte es sich jedoch anders, beugte sich zu mir und flüsterte: „Sieh zu, dass du die los wirst. Die hat 'ne Macke.“
„Und, was hat er gesagt?“, fragte Milena, als Richard im Späti verschwunden war.
„Dass du eine Macke hast“, sagt ich und nahm einen großen Schluck Bier, um nicht weitersprechen zu müssen.
„Na, dann noch viel Spaß“, sagte Milena kalt, drehte sich um und verschwand.
Mist, das hätte ich nicht sagen sollen. Aber das Bier hatte mir die Zunge gelockert. Als kurz danach Richard wieder auftauchte, sagte er:

„Lass dich bloß nicht mit MILFena ein. Die lügt rum und benutzt die Leute, wie es ihr passt."
„Ernsthaft?", fragte ich. „Das kann ich mir bei ihr gar nicht vorstellen."
„Milena spielt Theater", sagte Richard. „Die ist nicht echt."
„Okay", sagte ich. „Gut zu wissen."
Richard hielt mir das geöffnete Bier hin. Wir stießen an. „Danke für die Warnung", sagte ich, bevor ich einen Schluck trank.

Zwölf

Nach dem Aufstehen klatschte ich mir etwas kaltes Wasser ins Gesicht und schlurfte zum Frühstückstisch. Meine Eltern waren schon zur Arbeit gegangen. Ich schmierte mir ein Toastbrot und dachte an den gestrigen Abend zurück. Nachdem Milena verschwunden war, hatte ich mich echt gut mit Richard unterhalten. Er war total ehrlich zu mir gewesen, was vielleicht am Alkohol lag. Aber egal. Er kam auch noch einmal auf die Sache mit Milena zu sprechen. Er entschuldigte sich dafür, dass er sie so schlechtgemacht hatte. Aber sie sei nun mal ein nerviger Kontrollfreak und manchmal richtig hinterhältig.
Nach dem Frühstück machte ich mich auf den Weg zur Schule. Kaum saß ich an meinem Platz, kam Richard hereingeschlendert und steuerte geradewegs auf mich zu. „Na, gut nach Hause gekommen?", fragte er.
„Jau", sagte ich und freute mich, dass er mich als Ersten begrüßte.

„Wir treffen uns heute Nachmittag", sagte er. Es klang nicht wie eine Frage, eher wie eine Anweisung.
„Sicher", sagte ich. Eigentlich war ich da mit meiner Mutter verabredet. Ich holte sie jeden Mittwoch nach der Schule von der Arbeit ab und dann gingen wir ins Kino, was essen, einkaufen oder so. Aber ich wollte Richard nicht absagen. Meine Mutter würde das schon verstehen.
In der Pause fragte mich Oleg, ob ich am Nachmittag wieder mit zu ihm kommen würde, um Tischtennis zu spielen. „Geht nicht, treffe mich mit Richard", sagte ich.
„Mit Richard", wiederholte er gedehnt. „Seid ihr jetzt Best Friends?"
Ich ging nicht darauf ein. Es tat mir ja schon ein bisschen leid, ihm abzusagen, aber nach dem, was mir Richard über ihn erzählt hatte, war ich auch ein bisschen misstrauisch geworden. Was, wenn Oleg hinterher irgendwelche Lügen über mich erzählte, dass wir rumgeknutscht hätten oder so?
„Vielleicht morgen", schlug ich vor.
„Ja, vielleicht morgen", sagte Oleg nur und zog ab.
Ich ging zu Richard in die Cafeteria. Er half dort in den Pausen aus. Es war gerade nicht viel los.
„Was verdienst du hier eigentlich?", fragte ich.

„Ein Vermögen“, raunte er, worauf ich lachte. „Kriegst du kein Taschengeld?“, wollte ich wissen. Sofort wurde er ernst. „Natürlich, meine Eltern sind da echt großzügig.“

Das konnte ich mir vorstellen, er trug ja auch immer ziemlich teure Klamotten. „Aber du arbeitest fast jede Pause hier. Das musst du doch dann gar nicht.“

„Ich mag das hier aber“, sagte er leicht angesäuert. Anscheinend hatte ich etwas Falsches gesagt.

„Was machen deine Eltern eigentlich?“, fragte ich, um das Gespräch in eine andere Richtung zu lenken.

„Mein Vater ist ein hohes Tier in einer Werbeagentur“, antwortete Richard. „Und meine Mutter produziert Filme. Richtige Blockbuster.“

Er schien ziemlich stolz auf seine Eltern zu sein. „Und mein Bruder studiert Jura.“

„Wow“, machte ich beeindruckt. “Klingt ja nach einer richtigen Bilderbuchfamilie.“

„Ja, wir sind alle ziemlich dicke miteinander“, fuhr Richard fort. „Wir halten zusammen. Wir sind wie so 'ne Mafiafamilie. Wenn einem von uns was angetan wird, kommt die ganze Sippe und mischt den Laden auf.“

In dem Moment betraten ein paar Schüler die

Cafeteria und Richard musste weiterarbeiten. Ich winkte ihm zum Abschied zu und ging wieder raus auf den Pausenhof.
Dort stand Ramon mit ein paar anderen und sah finster zu mir rüber. Ich hielt seinem Blick stand. Vor ihm würde ich nicht mehr klein beigeben. Ich war jetzt mit Richard befreundet. Das gab mir irgendwie Auftrieb.

Dreizehn

„Hast du Geld?“, war Richards erste Frage, als wir nach der Schule nebeneinander liefen. „Ich hab Hunger und ich hab nix mit. Kriegst du wieder.“
Ich gab Richard einen Zehner, womit er sich eine Portion Asianudeln holte. Ich wartete darauf, dass er mir das Restgeld gab, aber er schien es vergessen zu haben. Ich wollte nicht danach fragen, um nicht kleinlich zu erscheinen. Vielleicht später.
Während Richard seine Nudeln verdrückte, fragte ich ihn, was wir unternehmen sollten.
„Vorschläge?“, fragte er.
Ich überlegte, was Richard Spaß machen könnte.
„Wir könnten einfach rumlaufen und gucken, was so kommt.“ Mir fiel nichts Besseres ein und ich wollte nicht irgendwas vorschlagen, bei dem Richard sich langweilen würde.
„Pff!“, machte er nur. „Lass uns doch mal in den Laden da vorne.“
Der „Laden da vorne“ war ein riesiges Kaufhaus.
Was wollte Richard denn da drin?

„Nur ein bisschen rumgucken“, sagte er, als er meinen fragenden Blick bemerkte.
Wir strichen durch die einzelnen Abteilungen, fuhren mit der Rolltreppe. Ich hatte ständig das Gefühl, dass Richard nach etwas Bestimmten Ausschau hielt. „Hier ist es gut“, sagte er schließlich, als wir im zweiten Stock in der Herrenabteilung gelandet waren. Er sah mich prüfend an, sodass ich schon ganz unsicher wurde.
„Hast du schon mal was geklaut, Superstreber?“
Ich lachte. Das sollte wohl ein Witz sein. Aber Richard blieb ernst.
Als ich verneinte, sagte er: „Guck dich doch mal hier um. Die haben so viel Kohle. Das juckt die gar nicht und wenn hier was fehlt, kriegen sie das eh von der Versicherung ersetzt.“
Ich wusste noch immer nicht, ob Richard mich nur auf den Arm nahm. „Wenn ich was zum Anziehen brauche, bezahlen mir das meine Eltern“, sagte ich.
Richard lachte. „Klar, meine auch. Aber es geht doch um den Thrill, oder? Ich meine, unser Leben ist so durchgestylt. Alles ist so vorhersagbar. Mach doch mal was, was nicht von dir erwartet wird.“
„Du meinst also Klauen?“, fragte ich zurück. Statt einer Antwort nahm Richard ein teures Shirt von

einem Stapel und zog mich zu den Umkleidekabinen. Dort holte er eine Zange raus, mit der er den Sicherheitschip abknipste. „Wo hast du die denn her?“, fragte ich.
„Darknet“, sagte er lachend.
Trotz meiner Angst verspürte ich auch einen nie gekannten Nervenkitzel, der sich nicht unangenehm anfühlte. Richard steckte sich das Shirt unter sein Hemd und sagte: „Jetzt bist du dran.“
Ich lehnte ab. „Nächstes Mal.“
„Selber schuld“, sagte er.
Als wir an den Wachleuten vorbeigingen, raste mein Herz und ich hatte den Eindruck, sie würden mir mein schlechtes Gewissen ansehen. Aber es ging alles gut.
„Alter“, sagte ich erleichtert als wir ein Stück vom Kaufhaus weg waren. „Meine Nerven!“
„Man gewöhnt sich dran“, sagte Richard.
Ich musste die ganze Zeit grinsen. Hoffentlich dachten die Leute nicht, ich sei bekifft.
Das hatte ich Richard gar nicht zugetraut. Aber irgendwie wurde er in meinen Augen dadurch noch cooler. Richard war unglaublich frei, so kam es mir vor. Er ging so selbstsicher durchs Leben. Er dachte nicht darüber nach, wie er auf andere

wirkte, und war trotzdem kein Arschloch. Ganz im Gegenteil. Die Leute mochten ihn und wollten mit ihm befreundet sein. Ich wünschte, ich hätte etwas mehr von Richard.
„Und was machen wir jetzt?“, wollte ich wissen.
„Lass uns ein bisschen rumfahren“, antwortete er.
Wir gingen zu einem Mietroller, der an einer Ecke parkte. Ich weiß nicht genau, wie Richard es machte, aber er trickste die App aus und wir kurvten eine Weile damit rum. Wir lenkten abwechselnd, während sich der andere dahinterquetschte. Wir bretterten wie die Berserker durch die Fußgängerzone. Kurvten um die Passanten rum. Manche sprangen erschrocken zur Seite. Und dabei lachten wir wie die Irren. So gut amüsiert hatte ich mich lange nicht.
Nach einer Weile steuerten wir wieder den Späti an. Ich gab Richard mein letztes Geld, ließ mir aber kein Bier, sondern einen Energydrink mitbringen. Ich hatte keine Lust, wieder allein rumzustehen, deswegen latschte ich einfach hinter Richard her, wenn er von einer Gruppe zur anderen wechselte. Diesmal unterhielten sich einige Leute ganz normal mit mir. Die Geschichte mit Ramon schien vergessen und mit Richard an meiner Seite fühlte ich mich einfach nur gut.

Vierzehn

In den nächsten Tagen hing ich nach der Schule immer öfter mit Richard ab. Zwar pumpte er sich immer wieder Geld von mir, das er nicht zurückzahlte, aber ich fragte auch nicht danach. Irgendwann würde ich es schon wiederbekommen. Da war ich mir sicher.

Wir zogen oft durch die Kaufhäuser, wo Richard immer etwas mitgehen ließ. „Ich hole mir nur, was mir zusteht", sagte er jedes Mal lachend. Ich glaube, er stand einfach auf den Nervenkitzel.

Richard zog mich jedes Mal damit auf, dass ich ja zu brav zum Klauen wäre. Doch wenn ich ihn dann vom Gegenteil überzeugen wollte, verließ mich der Mut, sobald es ernst wurde.

Er lachte dann und sagte: „Du bist so ein richtig anständiger Mensch."

„Du doch auch", gab ich zurück. War er ja auch, wenn man mal vom Klauen absah.

Ansonsten liefen wir ziellos durch die Stadt, redeten über Gott und die Welt.

Richard erzählte immer wieder von seinen Eltern, was für ein tolles Verhältnis sie hätten, was sie alles Verrücktes zusammen unternahmen. Und ich wurde fast neidisch. Ich kam mit meinen Eltern zwar auch ganz gut klar, aber wir waren eher Durchschnitt.
Richard fragte mich oft aus, wie ich über diesen und jenen unserer Mitschüler dachte. Und ich erzählte ihm alles ungefiltert. Vor allem über Lucia und Malu konnte ich mich aufregen. Ich nannte sie *die Giftspritzen*. Das brachte Richard jedes Mal zum Lachen, weswegen ich besonders gern über die beiden herzog.
„Die Giftspritzen haben gestern verkündet, dass sie jetzt vegan sind. Und Malu hat dabei in ihr Salamibrötchen gebissen." Das mit dem Salamibrötchen stimmte zwar nicht, aber ich fand es witzig und Richard lachte.
Er selbst hielt sich eher zurück mit Urteilen über andere, aber ich schob das auf seine Höflichkeit. Und immer wieder zog er mich damit auf, dass ich die Erwartungen meiner Eltern erfüllen würde. Das ärgerte mich. Weil Richard ja recht hatte. Zwar machten sie keinen wirklichen Druck, aber ich hatte die Enttäuschung gespürt, als ich vom Gymnasium geflogen war. Und auch auf der neuen

Schule erwarteten sie Bestnoten von mir, auch wenn sie es nicht direkt aussprachen. Aber Sprüche wie *Es gibt Leistung ohne Erfolg, aber keinen Erfolg ohne Leistung* sagten mir genug. Aus Trotz und um Richard zu beweisen, dass ich kein Superstreber war, lernte ich nicht mehr für die Schule. Wann auch? Tagsüber war ich mit Richard unterwegs. Da blieb keine Zeit. Und Richard machte auch nie was für die Schule. Nicht mal vor einer Arbeit. Aber dafür sagte er im Unterricht oft kluge Sachen, auch wenn sie manchmal am Thema vorbeigingen. Trotzdem wurde er gern aufgerufen und hatte ganz gute Noten. Er war eben überall beliebt. Und dass er ausgerechnet mit mir befreundet sein wollte, erstaunte mich immer noch. Ich konnte das Gefühl nie ganz ablegen, ein Langweiler zu sein, der den Leuten nichts zu bieten hatte. Doch Richard akzeptierte mich, so wie ich war. Und das tat mir gut, weil es mir zeigte, dass ich wohl doch nicht so ein Loser war, wie ich dachte.

Fünfzehn

Richard und ich waren mittlerweile unzertrennlich. Entweder hingen wir nach der Schule in der Stadt rum oder wir gingen zu mir. So musste er natürlich früher oder später auch meine Eltern kennenlernen.

„Das ist ein aber netter Junge“, hatte meine Mutter gesagt, nachdem Richard das erste Mal bei uns gewesen war. „Der macht einen vernünftigen Eindruck. Und er ist so höflich.“

Sie war mir fast ein bisschen zu begeistert von ihm. Aber er hatte eben auch diese Gabe, die Leute für sich einzunehmen. Noch beim Abendessen schwärmte meine Mutter meinem Vater von Richard vor.

„Dann adoptiert ihn doch und mich gebt ihr ins Heim“, schlug ich lachend vor. Worauf mein Vater mich prüfend ansah und meinte: „Darüber denke ich, ehrlich gesagt, schon länger nach.“

Ich boxte ihm spielerisch auf die Schulter. Meine Mutter lachte und nahm mich in den Arm. Sie

freuten sich vor allem, dass ich einen Freund gefunden hatte.
Zu Richard gingen wir nie. Es passte immer nicht oder es kam etwas dazwischen. Aber das war auch nicht weiter schlimm. Irgendwann würde es schon klappen.
Neugierig war ich aber schon. Vor allem, weil Richard mir immer wieder von seiner Familie vorschwärmte und dass sie viel Besuch bekämen. „Schauspieler, Künstler, Produzenten und so weiter. Die Bude ist oft voll."
„Auch bekannte Schauspieler?", wollte ich wissen. Doch Richard wiegelte jedes Mal ab und tat geheimnisvoll. „Darf ich nicht drüber sprechen", sagte er dann. Und fügte hinzu: „Meine Mutter kennt so einige Promis. Wenn mal wieder eine Party bei uns steigt, lade ich dich ein. Dann wirst du schon sehen, wer da alles rumspringt."
„Ich bringe mein Autogrammbuch mit", sagte ich.
„Wehe", gab Richard zurück.
„Und dann schreibe ich einen großen Artikel für die Schülerzeitung", scherzte ich weiter. „Die Überschrift lautet: *Richard und seine berühmten Freunde*."
„Wenn du das tust, hetze ich dir einen Auftragskiller auf den Hals", sagte Richard mit so

einem fiesen Akzent, der wie in dem Film *Der Pate* klang.

„Okay“, rief ich lachend. „Ich werde mein Geheimnis mit ins Grab nehmen.“

So redeten wir oft miteinander. Wir nahmen uns oft hoch, ohne dass der andere gleich sauer war. Das hatte was Vertrauliches und man musste bei Richard nicht auf jedes Wort achten, das man sagte.

Sechzehn

Zusammen mit Richard schwänzte ich jetzt hin und wieder die Schule. Das hatte ich mich früher nie getraut.

„Ist doch kein großes Ding", sagte Richard, als ich beim ersten Mal Bedenken anmeldete. „Ist doch der Schule egal, ob du da bist oder nicht. Die tun doch nur so, als wärst du ihnen wichtig. Im Grunde genommen sind sie froh, wenn einer weniger da sitzt. Haben sie weniger Stress."

„Ja, aber wenn das rauskommt?", sagte ich.

„Dann schreibst du dir selber eine Entschuldigung oder besorgst dir ein Attest", antwortete Richard.

Jetzt hatte ich keine Ausrede mehr, wenn ich vor Richard nicht wie der absolute Streber dastehen wollte.

Als wir dann vormittags rumzogen, während die anderen in der Schule saßen, war das ein ziemlicher Thrill. Ich kam mir richtig rebellisch vor. Mein Selbstbewusstsein war um zehn Punkte gestiegen.

„Lass uns frühstücken gehen", schlug Richard vor. „Ich hab Zweiachtzig. Das reicht gerade für zwei Croissants", sagte ich.

„Das passt schon", gab Richard zurück. Er hielt die Hand auf und ich gab ihm mein letztes Geld.

„Du bleibst an der Tür stehen", schärfte Richard mir ein, als wir vor einem Bäcker standen.

„Warum?"

„Wirst du schon sehen", sagte Richard nur.

Wir gingen in den Laden, der um diese Uhrzeit leer war. Ich postierte mich an der Tür, während Richard die Verkäuferin begrüßte. „Oh, Sie haben aber leckere Sachen hier. Backen Sie noch selbst?" Die Frau, die uns erst misstrauisch beäugt hatte, fühlte sich geschmeichelt. „Ja, wir backen in der dritten Generation. Alles Handarbeit."

„Das erlebt man ja nicht mehr allzu häufig", wickelte Richard die Verkäuferin weiter ein.

„Was darf es denn sein?", fragte sie dann und Richard ratterte seine Bestellung runter. Sechs belegte Brötchen, acht Pfannkuchen, fünf Butterstreusel, eine Flasche Cola und zwei Flaschen Energy.

„Wir frühstücken heute alle zusammen in der Schule", erklärte Richard der erstaunten Verkäuferin.

„Ach, ich hatte schon befürchtet, ihr würdet die Schule schwänzen“, sagte sie beruhigt. „Hier kommen nämlich öfter mal welche her.“

„Um Himmels Willen“, sagte Richard. „Wir sind auf dem humanistischen Gymnasium. Das können wir uns gar nicht leisten. Wir sind schließlich die Zukunft.“ Die Verkäuferin grinste amüsiert und reichte Richard zwei volle Tüten über den Tresen.

„Das macht dann 32,28 Euro“, sagte sie schließlich.

„Ramon, machst du mir schon mal die Tür auf?“, fragte Richard an mich gewandt, gab mir eine der Tüten und wühlte in seinen Taschen.

„Ich hab mein Portemonnaie in der Schule gelassen“, sagte er dann zerknirscht. „Hast du Geld mit?“

Ich schüttelte den Kopf.

„Wäre es okay, wenn wir die Sachen schnell zur Schule bringen und dann mit dem Geld wiederkommen?“, fragte Richard die Verkäuferin in einem Ton, als wäre ihm das total unangenehm. Die Verkäuferin überlegte, ob sie das riskieren könnte, kam dann aber zu dem Schluss, dass sie sich lieber nicht darauf einließ.

„Ich bekomme Ärger mit meinem Chef“, sagte sie.

„Ja, das verstehe ich“, sagte Richard. Er tat kurz so,

als ob er die Tüten wieder über den Tresen reichen wollte, rannte dann aber aus dem Laden. Ich warf der geschockten Verkäuferin noch einen entschuldigenden Blick zu, bevor ich hinter Richard hersprintete. Mein Herz klopfte wie verrückt.

„Bleibt stehen", hörten wir die Verkäuferin rufen. Sie lief tatsächlich ein paar Meter hinter uns her, musste aber bald aufgeben. Richard blieb jetzt tatsächlich stehen, drehte sich zu der Frau um und zeigte ihr den Mittelfinger, bevor er im lockeren Trab rückwärts weiterlief. Mir tat die Frau leid. Sie war um die fünfzig und nicht gerade schlank. Hoffentlich würde sie keinen Ärger bekommen. Ich schämte mich, aber das sagte ich Richard nicht. Sonst würde er mich wieder als Weichei beschimpfen.

Siebzehn

An einem Morgen vor der Schule rief Richard mich an und sagte: „Wir treffen uns um neun bei dir an der Ecke!“, bevor er ohne ein weiteres Wort auflegte.
Punkt neun Uhr stand ich an der Ecke und wartete. Ein Auto hupte mehrmals, aber ich schenkte dem keine Beachtung. Ich sah mich stattdessen nach Richard um. Das Auto hupte wieder und jemand rief meinen Namen. Es war Richard. Er saß am Steuer des Autos und hupte erneut. Ich machte große Augen. Außer Richard saß niemand im Wagen.
„Wie kommst du denn dazu?“, fragte ich entgeistert, als ich am Auto stand.
„Gehört meinem Bruder“, sagte Richard gut gelaunt.
„Und weiß er, dass du sein Auto fährst?“
„Klar weiß er das. Er hat’s mir ja geliehen.“
„Er lässt dich sein Auto fahren? Du hast keinen Führerschein und wir sind minderjährig.“

„Ja, aber er hat mir das Autofahren beigebracht. Er weiß, dass ich ein guter Fahrer bin."
„Und wenn uns jemand erwischt?", gab ich zu bedenken.
„Sei doch nicht so ein Schisser. Glaubst du, die Polizei lauert an der nächsten Ecke auf uns?", fragte er verächtlich.
„Na ja, wahrscheinlich nicht", sagte ich kleinlaut.
„Dann steig jetzt ein, sonst fahr ich allein los."
„Ich weiß nicht recht."
Richard ließ den Motor aufheulen.
„Hör auf", beschwor ich ihn. „Die Leute gucken schon."
„Dann steig ein", sagte Richard nur und fuhr ein kleines Stück an.
„Warte", sagte ich und schwang mich widerwillig auf den Beifahrersitz.
Wir fuhren aus der Stadt raus, wo Richard auf der Landstraße richtig Gas gab.
„Hey, hier ist Tempo achtzig", sagte ich.
„Nerv nicht rum", herrschte Richard mich an und so hielt ich den Mund, während er mit quietschenden Reifen die Kurven nahm. Wenn ich mit Richard abhing, wurde mir immer wieder bewusst, dass ich bislang in einer Blase gelebt hatte. Das echte Leben fand woanders statt. Nicht

in der Schule und vor allem nicht zu Hause bei meinen Eltern und ihren ewigen Sprüchen. Ich musste einfach mehr das machen, was ich wollte. Auch wenn ich nicht genau wusste, was das eigentlich war.

Als wir durch den Nachbarort brausten, hatte Richard Durst und so hielten wir vor einem Supermarkt. Ich kaufte zwei Energydrinks und ein paar Müsliriegel, bevor wir weiterfuhren. Mittlerweile hatte es etwas geregnet. Die Straße war glitschig – und das wurde uns zum Verhängnis.

Achtzehn

„Mach doch mal langsamer", beschwor ich Richard, als er wieder zu schnell die Kurve nahm. „Mach dir nicht ins Hemd", knurrte er und drückte aufs Gas. In einer Linkskurve kam der Wagen ins Schlingern. Richard versuchte gegenzusteuern, aber dadurch rutschten wir weg. „Scheiße!", schrie ich. Merkwürdigerweise nahm ich in diesem Moment die pochende Ader an Richards Schläfe wahr, sein verkniffenes Gesicht. Und ich hatte das Gefühl, dass wir in Zeitlupe von der Straße glitten, was nicht stimmen konnte, da ja eigentlich alles wahnsinnig schnell ging. Ich hatte sogar den Eindruck, dass wir ein Stück über den Acker flogen, bevor wir hart aufsetzten. Das Bodenblech machte ein schrecklich knirschendes Geräusch, bis wir endlich zum Stehen kamen. „Los, raus", schrie Richard. Er hatte in Windeseile den Gurt gelockert und war rausgesprungen. Seltsamerweise zog er noch den Zündschlüssel ab. Ich bekam den verdammten Gurt nicht auf. Ich war zu hektisch. Richard rannte in Richtung Wald. „Warte doch mal“, rief ich hinter ihm her, doch er war schon hinter den Bäumen verschwunden. Endlich bekam ich den Gurt auf, riss die Tür auf und rannte hinter ihm her. Richard lehnte keuchend an einem Baum.

„Du hättest mir doch helfen können“, sagte ich wütend. „Was, wenn die Karre explodiert wäre?“

Richard sah mich an. „So ein Schwachsinn. Wir sind einfach nur auf dem Acker gelandet. Da explodiert nix. Das Auto ist ja nicht mal kaputt.“

„Und warum bist du dann so schnell weg?“

„Weil ich keine Lust habe, erwischt zu werden?“

„Ja, aber mich hätten sie ruhig erwischen können, oder was?“, fragte ich wütend.

„Du hättest dich ja auch ein bisschen mehr beeilen können“, sagte Richard schroff.

Was war denn mit dem los? Hatte ihn der Unfall so mitgenommen, dass er die Nerven verlor? Um ihn nicht noch weiter zu reizen, fragte ich: „Und was machen wir jetzt?“

„Abhauen!“

Mittlerweile waren ein paar Autofahrer stehengeblieben, einer stieg sogar aus und stapfte über den Acker zu unserem Auto. Ein anderer telefonierte. Wahrscheinlich rief er gerade die Polizei.

„Kannst du deinen Bruder nicht anrufen? Er kann doch sagen, dass er auf den Acker gefahren ist, einen Schock hatte und weggerannt ist", schlug ich vor, als wir durch den Wald latschten.
„Bist du eigentlich dumm?", fragte Richard. „Glaubst du, ich will meinen Bruder da mit reinziehen?" Richard blieb stehen und sah mich eindringlich an. „Wenn wer fragt: Wir waren in der Stadt unterwegs. Von dem Auto wissen wir nichts. Das hat jemand geklaut und 'ne Spritztour gemacht." Er klimperte mit dem Autoschlüssel. „Den hänge ich wieder hin. Dann kommt keiner auf uns."
„Spinnst du?", fragte ich ihn. „Weiß dein Bruder überhaupt, dass du sein Auto hattest?"
Richard sah mich mit einem seltsamen Gesichtsausdruck an ohne zu antworten.
„Nee, echt mal, weiß der das?", beharrte ich.
Richard starrte mich nur wütend an und antwortete nicht.
Wir bauen hier voll das Lügengebäude, ging es mir durch den Kopf. Das würde doch niemals halten. Aber ich behielt meine Befürchtungen für mich. Was sollte ich sonst auch machen? Ich konnte meinen Kumpel doch nicht verraten.

Neunzehn

In den nächsten Tagen lebte ich in der ständigen Angst, dass die Geschichte mit dem Auto auffliegen würde. Aber das tat sie nicht. Richard versicherte mir, dass seine Eltern und auch sein Bruder glaubten, dass jemand das Auto geknackt und eine Spritztour damit gemacht hatte. Wir machten einfach weiter wie vorher. Trotzdem musste ich manchmal daran denken, dass Richard einfach abgehauen war, ohne sich um mich zu kümmern. Und dass er gelogen hatte, als er behauptete, sein Bruder hätte ihm das Auto gegeben. Aber ich schob meine Bedenken jedes Mal beiseite.

Ein paar Tage nach dem Unfall stand ich in Gedanken versunken und – wie üblich – allein auf dem Schulhof, als sich plötzlich Malu vor mir aufbaute. Dahinter Lucia. Die beiden sahen mich wütend an. „Du bist so ein Arschloch!", presste Malu hervor. „Erzählst voll die Scheiße über uns."

„Was habe ich denn erzählt?", stotterte ich.

„Was habe ich denn erzählt?“, äffte Lucia mich nach. „Weißt du ganz genau.“
„Nein, weiß ich nicht“, verteidigte ich mich.
„Ach ja?“, fragte Malu. „Giftspritzen, vegan, Salami? Klingelt's da bei dir?“
„Arschloch bleibt Arschloch“, sagte Lucia.
„Ich hoffe, du stirbst bald“, sagte Malu mit süßlicher Stimme, zog Lucia weg und ich stand wieder allein da. Ich fühlte mich wie betäubt. Egal, wie sehr ich mich bemühte, von den anderen gemocht zu werden, es ging immer wieder schief. Als ob ein Fluch auf mir läge. Woher wussten die beiden überhaupt davon, dass ich mich über sie lustig gemacht hatte? Das hatte ich doch nur Richard erzählt. Der würde das denen noch nicht gleich auf die Nase binden. Vielleicht hatte er es Ramon oder jemand anders erzählt. Als ich Richard später darauf ansprach, stritt er alles ab.
„Aber woher sollen die das wissen?“, fragte ich.
„Wieso? Weil du alles raushaust, was dir durch den Kopf geht“, antwortete Richard. „Du hast überhaupt kein Gespür für Leute, wem du vertrauen kannst und wem nicht.“
Das stimmt doch gar, dachte ich und war gleichzeitig verunsichert. Tat ich das? Eigentlich war ich nicht so ein Typ, aber wenn Richard das sagte ...

Am Nachmittag hatte Richard keine Zeit. Er müsste nach Hause. Sein Vater hätte Geburtstag.
„Ist doch nett“, sagte ich zu ihm. „Gibt bestimmt was Gutes zu Essen.“
Richard lächelte. „Ja wir gehen wahrscheinlich ins Adlon und verfuttern tausend Euro.“
„Tausend Euro“, wiederholte ich beeindruckt. „Das würde mein Vater nie machen. Der bringt dann eher sowas wie *Voller Bauch studiert nicht gern*, und spendiert jedem einen Döner.“
„Kannst dich ja mit MILFena treffen“, sagte Richard. „Die wartet da hinten auf dich.“
Ich drehte mich um. Milena hatte uns den Rücken zugewandt und starrte konzentriert auf ihr Handy.
„Sieht nicht so aus“, sagte ich.
„Ach, die tut nur so, als hätte sie kein Interesse an dir. Das ist die Masche von Mädchen.“
Manchmal war ich mir nicht sicher, ob Richard mich auf den Arm nahm oder nicht. Trotzdem ging ich zu Milena rüber, als Richard gegangen war. „Hallo“, sagte ich. Milena sah kurz auf, um sich sofort wieder ihrem Handy zu widmen.
„Sorry“, sagte sie, während sie weitertippte. „Ich muss hier schnell noch was klären.“
„Kein Problem“, sagte ich und beobachtete sie heimlich, während sie telefonierte. Es ging um

irgendein Treffen des Schul-Klimarats. Milena war auf eine unauffällige Weise hübsch. Aber vor allem war sie voller Energie und Lebenslust und das mochte ich an ihr. Außerdem nahm sie die Dinge nicht einfach hin, sondern hinterfragte sie. Lehrer waren oft von ihr genervt, wenn sie wieder und wieder nachfragte und sich nicht mit einfachen Antworten abspeisen ließ.

„So, fertig", sagte Milena schließlich. „Gehen wir ein Eis essen?"

Ich war völlig überrumpelt von ihrer Frage. „Ja, gern", brachte ich nur heraus. Unterwegs erzählte ich ihr von Malu und Lucia und dass sie mich nicht leiden konnten.

„Die können doch niemanden leiden", sagte Milena und lachte dreckig. „Giftspritzen ist genau der richtige Name für diese verkommenen Biester." Milena hatte eine ziemlich fiese Ader. Das war mir bislang noch gar nicht aufgefallen. Aber das mochte ich an ihr.

Zwanzig

Zwei Wochen vor den Herbstferien sollte eine Party stattfinden. Am See. An einem Freitag. Mit Grill, Getränken und Musik. Und ich war auch eingeladen, was ich zwar meiner Freundschaft mit Richard verdankte, aber immerhin.

„Gib mal Geld für Bier", sagte Richard nach der Schule zu mir. „Kriegst du heute Abend bei der Party wieder. Ich hab jetzt nix mit."

Ich gab ihm einen Zwanziger. „Hast du nicht mehr?", fragte er. Also gab ich ihm noch einen Zwanziger. Mein gesamtes Taschengeld für die nächsten zwei Wochen. Ich wusste, dass ich es eh nicht wiederbekommen würde. Aber im Grunde war es ja für einen guten Zweck. Bei den anderen würde es bestimmt gut ankommen, wenn ich so viel Bier spendierte.

„Ich komm mit zum Bierkaufen, und dann können wir ja gleich zusammen zum See fahren."

„Nee, ich hab vorher zu tun", sagte Richard. „Außerdem gehe ich mit meinem Bruder einkaufen. Der fährt uns und die Kisten dann auch gleich zur Party. Wir holen dich bei dir ab. Gegen sechs."

„Na gut", sagte ich etwas zerknirscht, da ich gern mitgegangen wäre.

Bis zum Abend vertrieb ich mir die Zeit mit Schulkram, zocken, essen und Musik hören. Schließlich duschte ich, zog mich an. Dann saß ich da und wartete, dass es klingelte.

Als Richard und sein Bruder um sieben immer noch nicht aufgetaucht waren, wurde ich langsam unruhig. Ich rief ihn auf dem Handy an, aber er schien es ausgestellt zu haben. Von einem der anderen aus der Klasse hatte ich leider keine Nummer. Auch nicht von Oleg oder Milena.

Es wurde halb acht und ich wurde immer nervöser. Die Party hatte längst begonnen. Hoffentlich hatten Richard und sein Bruder keinen Unfall gehabt, dachte ich. Um acht beschloss ich, allein loszufahren. Es dauerte eine Weile, da ich mit der S-Bahn fahren und zwei Mal umsteigen musste. Dann musste ich noch ewig durch den Wald latschen. Im Dunkeln! Mehrmals verirrte ich mich und als ich endlich ankam, war es nach zehn. Oleg entdeckte mich als Erster. „Warum kommst du denn jetzt erst?", fragte er.

„Richard wollte mich abholen", antwortete ich. „Ist der hier?"
Oleg zeigte Richtung Feuer. „Der hockt irgendwo da drüben und baggert Timos Freundin an. Gab schon voll den Stress. Timo ist abgehauen."
Ich begrüßte Milena, die mir zuprostete. Richard saß am Feuer. Er war ziemlich angetrunken und redete auf ein dunkelhaariges Mädchen ein.
„Nee, im Ernst", hörte ich ihn gerade sagen. „Du hast so ein Glitzern in den Augen. Als ob da kleine Sterne schweben würden. Du bist echt was Besonderes."
Ich setzte mich neben die beiden, doch Richard bekam das gar nicht mit.
„Hallo, Richard", sagte ich schließlich.
Er drehte überrascht den Kopf zu mir rum. „Alter, was machst du denn hier?" Er schien sauer zu sein, dass ich ihn angesprochen hatte.
„Ich wollte Hallo sagen", gab ich zurück.
„Mann, ich bin beschäftigt, siehste doch. Ich rede gerade mit Sina." Er wandte sich ab, um sich weiter mit ihr zu unterhalten, und ignorierte mich.
„Richard, wo warst du denn? Ich hab auf dich gewartet", startete ich einen neuen Versuch.
Er drehte den Kopf erneut in meine Richtung und sah mich vorwurfsvoll an. „Ey, ist doch nicht

meine Schuld, wenn du nicht auftauchst. Bin doch nicht dein Babysitter."
„Ihr wolltet mich doch zu Hause abholen."
„Nee", sagte Richard genervt. „Das hast du wohl mal wieder falsch verstanden. Du solltest an der Tanke warten, da hätten wir dich eingesammelt. Wenn du nicht da stehst wie verabredet, ist das dein Problem." Er wandte sich wieder Sina zu.
„An der Tanke", murmelte ich. Davon war doch nie die Rede gewesen.
„Musst mal richtig zuhören", sagte Richard scharf. „Das kommt davon, wenn man immer nur mit sich selbst beschäftigt ist."
Ich wollte protestieren, aber Richard hatte mir den Rücken zugewandt und unterhielt sich wieder mit Sina.
Ich war fest davon überzeugt, dass Richard und sein Bruder mich zu Hause abholen wollten. Hatte ich ihn vielleicht wirklich falsch verstanden? War ich wieder mal zu sehr in Gedanken gewesen?
„Ich hab versucht, dich anzurufen", sagte ich zu ihm. Richard drehte den Kopf wieder in meine Richtung und zischte: „Hier ist kein Empfang und jetzt nerv nicht."
Scheiße, was ist denn mit dem los?, dachte ich und holte mein Handy raus. Ich hatte Empfang. Zwar

nur zwei Balken aber immerhin. Ich überlegte, Richard darauf anzusprechen, aber was hätte das gebracht? Mittlerweile hatte er den Arm um Sina gelegt und flüsterte ihr etwas ins Ohr.
Tja, das habe ich wohl gründlich vermasselt, dachte ich und ging Oleg und Milena suchen, um mit ihnen abzuhängen. Ich fand sie am DJ-Pult.
„Richard ist ganz schön komisch“, begann ich das Gespräch. Sie sahen sich kurz an.
„Bist jetzt abgemeldet bei ihm, was?“, sagte Oleg.
Milena drückte mir ein Bier in die Hand. „Los, wir tanzen“, befahl sie und zog Oleg und mich mit sich auf die Tanzfläche.
Den ganzen Abend über alberten wir herum, lachten viel, quatschten über alles Mögliche und tanzten immer wieder. Und so wurde es doch noch eine tolle Party.

Einundzwanzig

Richard war das ganze Wochenende nicht erreichbar. Als er am Sonntagabend endlich an sein Handy ging, sagte er, dass er mit seiner Familie den ganzen Tag auf einem Filmfestival gewesen wäre, wo seine Mutter ihren neuen Film vorgestellt hätte.

„Hey, cool“, sagte ich beeindruckt. „Kommt der ins Kino?“

„Ja, aber nicht in Deutschland.“

„Warum nicht?“, wollte ich wissen.

„Hat vertragliche Gründe. Frag mich nicht.“

Er erzählte noch begeistert von dem Festival und was für berühmte Schauspieler er getroffen hätte.

„Hast du ein paar Selfies mit denen gemacht?“, fragte ich, worauf Richard sagte: „Bin ich ein Scheiß-Groupie? Natürlich nicht. So läuft das nicht in solchen Kreisen.“

„Ach so, klar“, sagte ich und ärgerte mich über mich. So was war natürlich uncool. Hätte ich mir denken können.

„Treffen wir uns morgen nach der Schule", fragte ich.
„Warum? Brauchst du Betreuung, oder was?"
Ich lachte, dabei fand ich seinen Spruch nicht besonders witzig.
„Ich dachte, wir gehen in den Park und hängen ein bisschen ab", versuchte ich es noch einmal.
„Um Tauben zu füttern?", fragte er spöttisch.
„Ja, oder die Enten", sagte ich.
„Wie aufregend", sagte Richard. „Nicht, dass du dabei noch einen Herzkasper kriegst. Wenn du vorschlagen würdest, Tauben zu vergiften, wäre ich vielleicht dabei."
Ich lachte wieder gezwungen.
Eigentlich hatte ich mir vorgenommen, Richard noch auf die vierzig Euro anzusprechen, die ich ihm für das Bier geliehen hatte, aber ich wollte ihn nicht noch mehr reizen. Richard war eh schon so komisch drauf.
„Also treffen wir uns nun morgen?", fragte ich vorsichtig.
„Nee, ich hab was Besseres vor", gab Richard zurück.
„Triffst du dich mit Sina?", riet ich.
„Vielleicht", antwortete Richard.
„Ich denke, die ist mit Timo zusammen."

„Na und?"
„Ich meine ja nur", sagte ich. „Dann sollte sie doch eigentlich tabu sein."
„Ja, in deiner Welt ist so was natürlich verboten", gab Richard zurück. „Außerdem habe ich gesagt: vielleicht. Vielleicht habe ich ja auch was ganz anderes vor."
Dann legte er ohne Verabschiedung auf. Ich war irgendwie enttäuscht. Manchmal konnte Richard echt ein Arschloch sein. Aber so war er eben. Das durfte man nicht persönlich nehmen.

Zweiundzwanzig

Am nächsten Tag hatte Richard wieder bessere Laune. Er blödelte rum, machte witzige Sprüche und verwickelte die Lehrer in lange Diskussionen. In der kleinen Pause sagte er zu mir: „Wir treffen uns heute Nachmittag."
„Ich dachte, du triffst dich mit Sina", sagte ich.
„Was soll ich mit der?", gab Richard verächtlich zurück. „Glaubst du, ich steh auf Mädchen, die sich mit anderen Jungs treffen, obwohl sie einen Freund haben?"
Ich war ziemlich verwundert, dass er so über Sina sprach, hielt aber den Mund.
Später erzählte mir Oleg, dass Sina und Richard sich am Sonntagnachmittag getroffen hätten und ziemlich aneinandergeraten seien. Richard hatte Sina angeblich total unter Druck gesetzt und von ihr verlangt, dass sie sich sofort von Timo trenne. Was sie aber nicht wollte.
Moment mal, ging es mir durch den Kopf, als Oleg mir das alles erzählte. Richard war doch den

ganzen Sonntag auf diesem Filmfestival gewesen. Wann sollte er sich denn da mit Sina getroffen haben? Hatte er mir Quatsch erzählt? Oder hatte ich wieder etwas falsch verstanden?

Ich traf Richard nach der Schule. Wir zogen ein bisschen rum, kauften uns Eis, Sushi und zwei Energydrinks. Diesmal bezahlte Richard alles. Als wir auf einer Parkbank saßen und unser Sushi verdrückten, fragte ich ihn nach Sina. „Was ist denn jetzt mit ihr?"

„Was soll mit ihr sein?", fragte Richard zurück.

„Sina hat dir einen Korb gegeben, habe ich gehört."

„Wer hat das gesagt?", zischte Richard.

„Habe ich von Oleg gehört."

„Und woher will der das wissen?"

„Von Sina."

„Als ob Sina diesem Freak so was erzählen würde", schnaubte Richard.

„Soweit ich weiß, verstehen die sich ganz gut."

Richard blieb stehen und sah mir in die Augen.

„Auf welcher Seite stehst du eigentlich?", fragte er.

„Check endlich mal, was für ein verlogener Scheißer Oleg ist! Der behauptet einfach irgendwas und tut dann so, als hätte ihm das jemand erzählt."

„Also hat Sina dich nicht abblitzen lassen?“, fragte ich vorsichtig.
„Natürlich nicht“, sagte Richard genervt. Er blieb stehen und sah mich an. „Alter, ist das hier ein Verhör? Manchmal bist du echt ’ne Nervensäge. Und ’ne absolute Klette. Hast du kein eigenes Leben? Warum mischst du dich immer in meins ein? Ihr könnt mich alle mal mit euren dämlichen Fragen. Lasst mich doch alle in Ruhe.“ Mit diesen Worten ließ er mich stehen. Ich sah ihm verwundert nach. Was war das denn gewesen? Ich hatte doch nur nach Sina gefragt. Richard war echt empfindlich.
„*Sorry*“, schrieb Richard mir später. „*Es nervt, wenn du Gerüchte nachplapperst. Selber denken macht klug.*“
Er hatte noch ein zwinkerndes Smiley rangehängt. Richard hatte recht. Ich musste mich entscheiden, wem ich vertrauen wollte und wem nicht. Und schließlich war er mein bester Kumpel und nicht Oleg.

Dreiundzwanzig

Richard war seit zwei Tagen nicht mehr in der Schule aufgetaucht und auf meine Anrufe reagierte er nicht. Vielleicht war er krank, sonst hätte er sich doch zurückgemeldet.
Ich beschloss, ihn nach der Schule zu Hause zu besuchen. Auch wenn Richard das wahrscheinlich nicht gut finden würde. Aber ich machte mir Sorgen.
Komischerweise hatte niemand seine Adresse. Nicht mal Milena, mit der er ja immerhin zusammen gewesen war. „Ich war nie bei ihm zu Hause“, erklärte sie mir. „Wir haben uns immer draußen oder bei mir getroffen.“
„Komisch“, warf ich ein. „Mich hat er auch noch nie zu sich eingeladen. Er war immer nur bei mir.“
Schließlich versuchte ich mein Glück in der Schulcafeteria und wurde auch fündig. Richards Adresse stand auf einer Liste. Nach der Schule fuhr ich direkt dorthin. Die Familie wohnte in einem Reihenhaus. Seltsam, dachte ich. Hatte

Richard nicht gesagt, sie würden in einer Villa mit riesigem Garten wohnen?
Schon nach dem ersten Klingeln öffnete mir eine Frau. Das musste Richards Mutter sein. Die Frau wirkte gestresst. „Ja?", fragte sie unfreundlich und ich kam mir vor wie ein lästiger Vertreter, der ihr was andrehen wollte.
„Guten Tag, ich heiße Matthis und ich wollte zu Richard", sagte ich leicht eingeschüchtert. Sie sah mich fragend an, als erwarte sie noch eine weitere Erklärung.
„Ist er krank?", fragte ich.
„Krank?", wiederholte sie und ließ das Wort unkommentiert stehen.
„Kann ich Richard besuchen?"
Sie sah mich prüfend an und schien zu überlegen, ob sie mir trauen konnte oder ob ich das Familiensilber klauen würde. Schließlich zog sie die Tür ganz auf und ließ mich rein. Trotzdem beäugte sie mich die ganze Zeit misstrauisch. „Er ist oben in seinem Zimmer", sagte sie und ging mir voraus.
„Was hast du denn mit Richard zu tun?", forschte seine Mutter mich auf der Treppe aus.
„Ich bin ein Freund", sagte ich. „Wir gehen in dieselbe Klasse."

Sie nuschelte etwas wie: „Aha, ein Freund! Na, da ist ja mal eine Neuigkeit."
Ohne anzuklopfen riss sie die Tür auf und rief ins Zimmer: „Hier ist jemand für dich." Dann verschwand sie ohne ein weiteres Wort.
Richard saß an seinem Schreibtisch und zockte am Computer. Als er mich sah, gingen seine Mundwinkel nach unten. „Was willst du denn hier?", herrschte er mich an.
„Ich dachte, du bist krank, und ich wollte –", fing ich an.
„Mir geht's gut", unterbrach er mich. „Kannst wieder gehen."
„Was ist denn los?", wollte ich wissen.
Richard sah mich eindringlich an. „Ich hab dich nicht eingeladen. Außerdem kommt Ramon gleich zum Zocken."
Dann wandte er sich ab und beschäftigte sich wieder mit seinem Computer.
Wieso behandelte er mich so? Wir waren doch eigentlich beste Kumpel. Und was wollte er auf einmal mit Ramon?
„Warum warst du nicht in der Schule?", fragte ich.
„Richard hat Fauleritis." Seine Mutter war plötzlich hinter mir aufgetaucht. „Er nennt das allerdings Kopfschmerzen."

„Lasst mich in Ruhe und verschwindet", rief Richard.
Die Mutter schnaubte und sagte ironisch: „Richard ist sehr sensibel. Vor allem wenn es um seine eigenen Bedürfnisse geht. Andere Menschen interessieren da nicht. Außer sie erfüllen einen bestimmten Zweck, nicht wahr, Richard?"
Richard sah aus, als würde er sich jeden Moment auf seine Mutter stürzen. Ich wurde nicht schlau aus der Beziehung der beiden. Richards Mutter wirkte kalt und abweisend. Fast so, als könnte sie ihren eigenen Sohn nicht leiden. Und Richard schien auch sie nicht zu mögen.
Seine Mutter sah mich an und sagte: „Entschuldige, das ist nicht fair, dass du so eine Szene miterlebst. Bei dir zu Hause geht es sicherlich anders zu. Vielleicht gehst du jetzt besser."
Ich verabschiedete mich von Richard, der mich kaum beachtete.
Als wir zur Tür gingen, kam Richards Vater gerade nach Hause. Ich sagte „Hallo" und fügte noch hinzu: „Und Herzlichen Glückwunsch nachträglich!", worauf er mich verwirrt ansah. „Dauert noch etwas", sagte er dann und verschwand in der Küche.

Richards Mutter begleitete mich zur Haustür. „Es ist nett, dass du Richard besuchen wolltest“, sagte sie zum Abschied. Sie hielt kurz inne, um noch hinzufügen: „Ich weiß nicht, ob Richard das zu schätzen weiß. Er hat manchmal Probleme, die Sichtweise anderer einzunehmen.“

Wie redet die denn über ihren Sohn?, dachte ich auf dem Rückweg. Aber vielleicht hatte sie auch einfach eine Macke.

Vierundzwanzig

Aus einer Laune heraus suchte ich abends im Netz nach Richards Mutter. Er hatte gesagt, sie wäre eine bekannte Filmproduzentin. Da müsste sich doch etwas finden lassen. Und tatsächlich fand ich einen Wikipedia-Eintrag über sie:

Beatrice Schaller, geb. 1976 in B., ist eine deutsche Filmproduzentin. Sie ist vor allem für ihre Mitarbeit an dem Film „Der Nachtfalter" bekannt. Schaller lebt mit ihrer Familie in B.

Ich suchte noch ein bisschen weiter nach ihr und stieß auf ein paar Zeitungsartikel. Schließlich blieb ich bei einem Foto hängen, das über eine halbe Seite ging. Mit folgender Unterschrift:

Beatrice Schaller mit leiblichem Sohn Jonathan und Adoptivsohn Richard auf der Premiere von „Fast and Furios".

Ich las den Satz bestimmt fünf Mal, bis er in meinem Bewusstsein angekommen war. Richard war adoptiert?

Ich rief mir die Szene in Richards Haus noch einmal ins Gedächtnis. Der ätzende Ton zwischen Mutter und Sohn.

Warum log er uns alle an, indem er erzählte, wie toll seine Familie wäre? Schämte er sich insgeheim dafür, dass er adoptiert war?

In meine Überlegungen hinein rief Richard an.

„Bisschen zocken?", fragte er.

Ich war drauf und dran, ihm zu sagen, was ich herausgefunden hatte. Dann ließ es ich es aber lieber bleiben. Am Telefon war das keine gute Idee und überhaupt – was ging mich das an?

„Ja, klar, machen wir", sagte ich stattdessen und fügte noch hinzu: „Und, war Ramon da?"

„Yo", sagte Richard. „Aber ich hab ihn dann rausgeschmissen. Der Typ ist einfach zu dämlich. Das macht keinen Spaß mit dem."

Ich freute mich fast, als er das sagte.

Also trafen wir uns kurz darauf online zum Zocken. Aber es lief nicht gut. Richard war offenbar unkonzentriert. Er vergaß, meine Figur zu decken, und so wurde ich immer wieder umgenietet.

„Alter, was machst du denn?“, beschwerte ich mich.
„Pass halt besser auf“, gab Richard zurück. Doch nachdem er mich ein paar Mal im Stich gelassen hatte, verlor ich die Lust.
„Ich muss aufhören“, log ich ihm vor. „Ist schon spät. Meine Eltern haben schon rumgenervt.“
„Muss der Kleine ins Bett? Braves Kind. Hör immer schön auf deine Eltern“, sagte Richard spöttisch.
„Ja, das tue ich“, sagte ich. Langsam gingen mir Richards stichelnden Bemerkungen echt auf die Nerven. Und genau deshalb rutschte mir auch der nächste Satz raus: „Ich hab wenigstens echte Eltern.“ Mist! Ich hatte sofort ein schlechtes Gewissen.
Richards Antwort war ein eisiges Schweigen.
„Bist du noch da?“, fragte ich irgendwann.
„Woher weißt du das?“, fragte Richard gepresst.
„Steht im Internet. Es gibt ein paar Einträge über deine Mutter.“
Richard schwieg und ich dachte schon, er hätte aufgelegt. „Bist du noch da?“, fragte ich erneut in die Stille.
„Du schnüffelst hinter mir her“, sagte er eisig. „Bist du jetzt Bulle?“

„Nein", stotterte ich. „Ich wollte nur ..."
Richard unterbrach mich. „Echt? Über dieses Nichts von einer Frau steht was im Netz? Kaum zu glauben."
„Ja, und dass sie diesen Film produziert hat."
„Diesen Flop, der nicht mal im Kino lief. Weil diese Hohlbirne einfach unfähig ist und keine Ahnung von so was hat." Ich war erleichtert. Richard schien mir nicht böse zu sein.
„Aber warum hast du mir nichts davon erzählt?"
Richard machte eine Pause, bevor er sagte: „Wozu? Hätte das irgendwas geändert?"
„Nein, natürlich nicht", sagte ich schnell.
Er hörte sich ziemlich gekränkt an. Anscheinend hatte ich einen wunden Punkt getroffen. „Lass uns nicht mehr drüber reden", schlug ich vor. „Ist doch unwichtig."
War es ja auch. Ich würde weiter zu ihm stehen, schließlich war Richard mein Freund.

Fünfundzwanzig

Am nächsten Tag war Richard wieder in der Schule. Er nickte mir zu, als er den Klassenraum betrat, und ich war beruhigt. Offenbar nahm er es mir nicht übel, dass ich die Wahrheit über seine Familie rausgefunden hatte.
Unsere Freundschaft hielt so etwas aus.
In der Pause suchte ich ihn in der Cafeteria auf.
„Mach mal kurz weiter", sagte er zu seiner Kollegin, während er ihr sein Geschirrtuch zuwarf.
„Zu Befehl", gab diese mürrisch zurück. „Ich mache ja sowieso schon alles allein."
Richard beachtete das Mädchen nicht weiter. Er zog mich zu einem freien Tisch in einer Ecke des Cafés, wo wir ungestört waren.
„Hör mal", sagte er, als wir saßen. „Das mit der Adoption bleibt unter uns."
„Ja, klar", versicherte ich ihm.
Wir schüttelten uns zur Bekräftigung die Hände.
„Das ist nicht …" Er rieb sich die Augen mit Daumen und Zeigefinger. Seine Stimme brach.

„Das ist nicht leicht für mich, verstehst du? Meine Adoptiveltern hassen mich. Die behandeln mich wie den letzten Dreck.“ Richard unterdrückte ein Schluchzen.

Ich nickte. Ich hätte Richard gern etwas Tröstendes gesagt, aber außer „Das wird schon wieder“ fiel mir nichts ein.

Er sah mich prüfend an. „Das wird schon wieder?“, wiederholte er. „Alter, hast du eine Ahnung. Diese Menschen sind eiskalt. Die wollen nur die Kohle für mich abgreifen. Die hatten vor mir schon einen anderen Jungen, dem sie das Leben zur Hölle gemacht haben. Der ist freiwillig wieder ins Heim. Die machen das schon seit Jahren so. Das ist ihre Masche.“

„Was für Kohle?“, fragte ich.

„Na, vom Amt. Wenn du ein Adoptivkind aufnimmst, kriegst du richtig viel Geld.“ Richard zählte an den Fingern ab: „Klamotten, Essen, Wohngeld und so weiter. Dreitausend Euro im Monat. Deswegen haben die mich überhaupt nur aufgenommen. Kapierst du?“ Er sah mich erwartungsvoll an und ich nickte zustimmend.

„Von dem Geld sehe ich aber nix. Ich krieg nur abgelegte Sachen von meinem sogenannten Bruder. Taschengeld ist auch nicht. Deswegen

arbeite ich ja hier. Und das Zimmer, dieses Drecksloch, hast du ja gesehen."
Ich dachte an Richards Zimmer. Das war mir ziemlich normal vorgekommen. Ja, es war nicht besonders groß, aber meins war auch nicht viel größer.
„Kannst du dich nicht beim Amt oder so über deine Familie beschweren?", fragte ich dann.
Richard sah sich um, als hätte er Sorge, dass uns jemand belauscht. „Die haben ihre Leute da sitzen. Irgendwer im Amt kassiert da nämlich mit. Und wenn ich die Familie verpfeife, kriege ich totalen Ärger und wer weiß, wo die mich dann hinschicken. Außerdem ist das schon meine vierte Familie. Die anderen waren auch nicht besser. Die einen haben gesoffen, die anderen haben mich verprügelt und so weiter."
Ich schluckte. Das klang ja total krass. „Ich würde dir ja helfen", sagte ich. „Vielleicht kann ich mal mit meinen Eltern sprechen, ob die wissen, was man da machen kann."
Richard sah mich entsetzt an. „Du hilfst mir am besten, wenn du mit niemandem darüber redest. Ich komme schon klar. Ich bin das gewohnt. In ein paar Jahren bin ich volljährig, dann ist sowieso Schluss. Und außerdem will ich dich da nicht mit

reinziehen. Also bitte, halt einfach die Klappe, klar?“, beschwor er mich.

„Okay“, sagte ich. „Aber sag Bescheid, wenn es schlimmer wird oder wenn ich irgendwie helfen kann. Irgendwas muss man doch unternehmen können.“

„Danke!“, sagte Richard und schüttelte meine Hand. „Du bist ein echter Freund“, bekräftigte er.

Sechsundzwanzig

Die Geschichte mit Richards Familie ließ mich nicht los. Ich überlegte krampfhaft, ob ich ihm irgendwie helfen könnte. Gerade in schwierigen Zeiten sollte sich doch zeigen, was eine Freundschaft wert war.

Am nächsten Tag lief mir Milena über den Weg. Zwar hatte mir Richard verboten, mit jemanden über die Sache zu sprechen. Aber es konnte ja nicht schaden, sie mal um Rat zu fragen. Ich musste ihr ja nicht erzählen, dass Richard adoptiert war. Nur, dass seine Eltern ihn so übel behandelten und ich ihm gerne helfen würde.

„Ich weiß nicht recht", sagte sie anschließend. „Ich habe die Eltern und den Bruder mal in der Schule kennengelernt. Die wirkten total nett."

„Die sind nicht nett, die tun nur so", sagte ich heftiger als gewollt. „Die behandeln Richard wie den letzten Dreck."

Milena lachte gezwungen. „Hat Richard dir das erzählt?"

„Ja, sicher“, gab ich zu.
„Du musst bei Richard aufpassen“, warnte mich Milena. „Der erzählt gern Geschichten. Und dass Leute schnell genervt von ihm sind, liegt daran, dass Richard ziemlich egoistisch ist, wenn man ihn besser kennenlernt. In Richards Welt gibt es nur Richard. Andere kommen da nur als Statisten vor.“
„Ich glaube, du schätzt ihn falsch ein. Ich kenne ihn nämlich auch“, verteidigte ich Richard.
Es nervte mich, dass alle immer so schnell mit ihrem Urteil waren. Ich hatte ja selbst schon erlebt, wie die anderen mich sofort verurteilt hatten.
„Richard hat es nicht leicht“, fügte ich noch hinzu.
„Mag sein“, sagte Milena nachdenklich. „Aber das gibt ihm noch lange nicht das Recht, die Leute zu benutzen. Richard lässt die Leute das glauben, was sie glauben wollen.“
„Ach, komm, jetzt übertreibst du aber“, widersprach ich. Ich mochte Milena, aber sie hatte einfach einen zu schlechten Eindruck von Richard. Was sicher daran lag, dass sie immer noch enttäuscht war, weil es mit ihnen beiden nicht geklappt hatte. Ich wusste, dass er in Ordnung war. Richard hatte mir geholfen, als es kein anderer getan hatte. Er hatte sich gegen Ramon gestellt. Ich würde Richard nicht fallen lassen.

Siebenundzwanzig

„Wir haben uns länger nicht verabredet. Hast du Lust, mal wieder Tischtennis zu spielen?“, fragte Oleg Ende der Woche.
Ich war zuerst etwas zögerlich. Aber als er sagte: „Milena kommt auch!“, sagte ich zu.
Als ich Richard davon erzählte, verzog er das Gesicht. „Eigentlich waren wir für heute verabredet.“
„Echt?“, fragte ich zurück. Ich konnte mich gar nicht daran erinnern.
„Ja, hast du nicht mitgekriegt, oder was? Bist du in letzter Zeit stoned, oder wie?“, fragte Richard.
„So ein Schwachsinn“, gab ich zurück.
„Na, komm schon. Wir ziehen ein bisschen um die Häuser, wie in alten Zeiten“, sagte Richard und schlug mir auf die Schulter. „Die laden dich doch außerdem nur aus Mitleid ein. Weil dich in der Schule keiner leiden kann.“
„Hat Oleg das gesagt?“, fragte ich verunsichert.
„Nicht direkt. Aber ich kenne doch Milena. Die

trägt auch Kröten über die Straße, damit sie nicht überfahren werden."
„Nett, dass du mich mit einer Kröte vergleichst."
„Und ganz ehrlich: An deiner Stelle, würde ich Olga nicht über den Weg trauen. Der Typ ist einfach nur verlogen. Hat man ja bei der Sache mit Ramon gesehen."
Ich war hin- und hergerissen. Milena warnte mich vor Richard und Richard warnte mich vor Milena und Oleg. Und ich stand irgendwie in der Mitte.
„Aber wenn dir das wichtiger ist, dann triff dich doch mit diesen Pennern." Das letzte Wort hatte Richard ausgespuckt, als hätte er etwas Ekliges im Mund. Er schien ernsthaft gekränkt zu sein.
„Ich rufe Oleg an und sage, dass ich ein anderes Mal komme."
„Nee, lass mal. Ich brauche keine Almosen", sagte Richard verächtlich.
„Dann treffen wir uns aber auf jeden Fall morgen", schlug ich Richard vor. Eigentlich hatte sich meine Großmutter für das Wochenende angekündigt und ich sah sie echt selten. Aber ich musste das mit Richard wieder einrenken.
„Mal sehen," sagte Richard und ließ mich stehen. Mist, ich hatte meinen Kumpel gekränkt, aber der würde sich schon wieder einkriegen. Hoffte ich.

Nach der Schule gingen Milena und ich mit zu Oleg. Bevor wie anfingen zu spielen, legte er sich seine goldene Armbanduhr um. „Mein Glücksbringer“, rief er und hielt seinen Arm hoch. Wir spielten eine Weile Tischtennis. Ich gegen Milena. Oleg gegen Milena. Ich gegen Oleg. Oleg verlor jedes Spiel.

„Was ist los mit dir?“, wollte Milena wissen. „Dabei trägst du doch deine Glücksuhr.“

Oleg zuckte mit den Achseln und machte die Uhr ab. „Heute funktioniert sie nicht“, sagte er und legte sie behutsam auf einem kleinen Tisch neben der Tischtennisplatte.

„Vielleicht funktioniert sie nur an geraden Tagen“, sagte ich.

Wir lachten. Wir lachten überhaupt viel an diesem Nachmittag. Ich merkte, wie gut ich mich mit den beiden fühlte. Und doch schwebten mir Richards Worte im Hinterkopf rum, dass sie mich nur aus Mitleid eingeladen hätten.

In diesem Moment klingelte mein Handy. Es war Richard. Er kam sofort zur Sache. „Ich hol dich gleich bei Olga ab.“

„Warum?“, fragte ich.

„Erzähle ich dir dann“, sagte Richard. Es klang irgendwie dringend.

„Richard kommt gleich vorbei", sagte ich, nachdem ich aufgelegt hatte.
„Will er mit uns Tischtennis spielen?", fragte Oleg.
„Nee, er will mich abholen. Mehr hat er nicht gesagt."
„Ziemlich geheimnisvoll", sagte Milena.
Wenig später erschien Richard. Er tigerte durch den Keller und sah sich aufmerksam um. Fast, als ob er etwas Bestimmtes suchen würde.
„Willst du mitspielen?", fragte Milena.
Richard hielt inne und sagte schroff: „Nee, danke. Kein Bedarf."
Dann wandte er sich an mich. „Lass uns los. Ich wollte was mit dir besprechen."
Oleg und Milena sahen sich fragend an.
Eigentlich wäre ich gern noch mit den beiden zusammengeblieben, aber ich war auch neugierig, was Richard wollte.
Als wir ein paar Meter schweigend gegangen waren, blieb ich stehen und fragte Richard: „Was ist denn eigentlich los?"
Er drehte sich und sagte: „Nix weiter. Ich wollte dich nur da rausholen. Du solltest nicht so viel Zeit mit denen verbringen. Die seifen dich ein."
„Quatsch", gab ich zurück. „Die haben überhaupt nichts gemacht oder gesagt. Wir haben einfach

nur Tischtennis gespielt." Wieso rechtfertigte ich mich eigentlich vor Richard?

„Ich wollte dir nur helfen", sagte Richard und ging weiter. „Außerdem wollte ich mit meinem besten Freund abhängen. Aber anscheinend verbringst du deine Zeit ja jetzt lieber mit denen." Er klang enttäuscht.

Ich war hin- und hergerissen. Natürlich freute ich mich darüber, dass Richard mich als seinen besten Freund betrachtete. Aber es nervte mich auch, dass immer er die Ansagen machte. Richard bestimmte, was wir unternahmen. Und wann. Und jetzt wollte er mir auch noch vorschreiben, mit wem ich meine Zeit verbrachte.

Da war das mit Milena und Oleg anders. Keiner setzte den anderen unter Druck. Oder spielte den Boss.

Aber in einer Freundschaft musste man eben Kompromisse eingehen, dachte ich. Und außerdem war Richard gekränkt, entschuldigte ich sein Verhalten und lief hinter ihm her.

Den Rest des Tages zogen wir ziellos rum, wobei Richard ständig über Milena und Oleg lästerte. „Die werden immer ätzender. Ich traue denen nicht. Lass dich bloß nicht von den beiden verarschen."

Achtundzwanzig

Olegs Anruf kam nach dem Abendessen.

„Hey“, sagte ich und rechnete damit, dass er sich mit mir verabreden wollte, um Tischtennis zu spielen oder etwas anderes zu unternehmen. Ich hörte ihn am Hörer atmen.

„Alles klar?“, fragte ich.

Oleg räusperte sich bevor er sprach: „Wenn du die Uhr genommen hast, gib sie einfach zurück. Ich werd's nicht an die große Glocke hängen, okay?“

„Die Uhr?“, fragte ich verwirrt. „Welche Uhr?“

„Welche Uhr?“, äffte Oleg mich nach. „Tu doch nicht so.“

„Deine goldene Armbanduhr“, fiel mir ein.

„Hundert Punkte, du Schlaumeier“, sagte Oleg.

„Was soll ich denn damit?“, fragte ich.

„Verkaufen. Wegschmeißen. Einschmelzen. Was weiß ich denn?“, sagte Oleg bissig. „Jedenfalls ist sie weg.“

„Vielleicht hast du einfach vergessen, wo du sie hingelegt hast.“

„Hab ich Alzheimer, oder was? Ich hab sie direkt neben die Tischtennisplatte gelegt", sagte Oleg. „Kannst Milena fragen, die hat's auch gesehen."
Ich kam mir vor wie in einem schlechten Krimi.
„Ich habe sie aber nicht", verteidigte ich mich.
„Richard oder du. Einer von euch beiden hat sie geklaut. Vielleicht wart ihr es auch beide", sagte Oleg weiter.
„Das ist doch Schwachsinn", sagte ich und merkte, wie mein Herz immer schneller schlug und mir der Schweiß ausbrach. Ich hatte seine Uhr jedenfalls nicht geklaut. Und ich konnte mir auch nicht vorstellen, dass Richard Oleg beklaute. Das würde er doch nie tun. Oder?
Mir fiel ein, dass Richard mich immer wieder vor Oleg gewarnt hatte. Vielleicht wollte er mich ja wirklich reinlegen.
„Vielleicht hast du die Uhr ja auch selber verschwinden lassen", sagte ich. Das glaubte ich zwar nicht so richtig, aber ich wollte den Vorwurf nicht auf mir sitzen lassen.
„Spinnst du?", fragte Oleg mit unterdrückter Wut in der Stimme.
„Vielleicht ist das ja wieder eine deiner Geschichten. So wie bei Ramon."
„Ramon? Was war denn mit Ramon?", fragte Oleg.

„Na, was du über ihn erzählt hast. Dass ihr rumgemacht habt und so."
Oleg lachte hämisch. „Hat Richard dir das erzählt? Oh Mann! Der Typ ist so was von verlogen."
„Wieso? Stimmt das etwa nicht?"
„Natürlich nicht. Ich habe weder was mit Ramon gehabt, noch habe ich so was erzählt. Und überhaupt, wer sagt dir denn, dass ich auf Jungs stehe? Du bist wie alle anderen. Du guckst nur auf die Fassade."
„Das stimmt nicht", protestierte ich.
„Ach ja?", fragte Oleg. „Hast du dir mal überlegt, wer unter deinem Namen bei Ramons Eltern wegen der Mathearbeit angerufen hat?"
„Jemand aus der Klasse, schätze ich." Ich wollte Oleg nicht direkt beschuldigen, aber dann rutschte es mir doch raus: „Vielleicht warst du es selber."
Oleg schnaubte. „Ich gehe jetzt mal nicht auf diesen Schwachsinn ein. Aber hast du dir mal überlegt, dass es vielleicht Richard war?"
„Richard?", lachte ich ungläubig. „Du spinnst ja. Richard ist mein Kumpel. Außerdem hat er mir gegen Ramon geholfen. Warum sollte er das tun, wenn er mich vorher bei ihm anscheißt?"

„Was weiß ich?", gab Oleg zurück. „Weil Richard gern Spielchen spielt. Weil er nicht echt ist. Vielleicht solltest du mal eins und eins zusammenzählen. Bist doch sonst nicht auf den Kopf gefallen, Mr. Brain. Aber das ist auch echt nicht mein Problem, wenn du dich verarschen lässt. Ich will meine Uhr wiederhaben. Wenn sie in vierundzwanzig Stunden nicht wieder da ist, gehe ich zur Polizei."

Klick! Oleg hatte aufgelegt.

Neunundzwanzig

Ich kaute auf meinem Daumen rum, während ich versuchte, meine Gedanken zu ordnen. Konnte Oleg recht haben? Manipulierte Richard mich? Quatsch, verwarf ich diese Idee gleich wieder. Das würde ich doch merken, oder?

Ich musste sofort mit Richard sprechen.

„Verdammt, Oleg lügt", fluchte Richard, als ich ihn am Telefon hatte. „Der hat die Uhr selber versteckt."

„Warum sollte er denn das tun?" Ich war jetzt wirklich kurz davor, durchzudrehen. Jeder machte den anderen schlecht und ich stand da wie ein Idiot.

Ich wünschte, meine Eltern hätten mich nie auf diese dämliche Schule geschickt und ich hätte Richard, Oleg und Milena nie kennengelernt. In was war ich da reingeraten? Reiß dich mal zusammen, ermahnte ich mich selbst. Jammern hilft dir jetzt auch nicht. Man muss das Problem logisch angehen.

„Matthis?", hörte ich Richards Stimme von weit weg. Und dann noch einmal: „Matthis?"
Ich war so in Gedanken versunken, dass ich Richard nicht mehr zugehört hatte.
„Du glaubst doch nicht etwa, dass ich das Ding geklaut habe, oder?" Er klang ernsthaft besorgt.
„Nee", versicherte ich ihm.
„Oleg will uns das anhängen. Aber ich bin sicher, dass das von Milena ausgeht", sagte Richard.
„Von Milena?" Das kam mir total absurd vor.
„Ja, von Milena", bekräftigte Richard.
„Aber warum sollte sie das machen?"
„Du bist echt zu blöd", warf Richard mir vor. „Nur weil du auf Milena stehst, willst du nicht sehen, was für ein verlogenes Miststück die ist. Die kann total überzeugend sein, wenn sie das will. Und sie spannt andere für ihre Zwecke ein, wie den blöden Oleg. Und du bist ihr auch auf den Leim gegangen."
Ich kam mir komplett hilflos vor. Sollte ich Milena und Oleg so falsch eingeschätzt haben?
„Aber warum will Milena mich reinlegen? Ich verstehe das nicht."
„Matthis", beschwor Richard mich. „Es geht doch nicht um dich. Es geht um mich. Milena will sich rächen, weil ich mir ihr Schluss gemacht habe. Bei

mir hat sie aber keine Chance mit ihren Lügen. Das weiß sie. Und deswegen zieht sie dich da mit rein."
„Aber was hat sie denn davon?",
„Jede Menge. Und sie hat ihr Ziel ja auch erreicht: Wir streiten uns. Die ist hinterhältig, die will einfach nur Chaos anrichten."
Während Richard weiterschimpfte, hörte ich nur mit halbem Ohr zu, weil ich an Milena dachte. Konnte Milena so gut täuschen? So gut schauspielern?
Offenbar hatte ich laut gedacht, denn Richard sagte: „Klar kann die gut schauspielern. Was glaubst du, warum ich mich von ihr getrennt habe?"
Richard wartete meine Antwort gar nicht erst ab. „Die Frau ist nicht echt. Alles nur Show. Auch das ganze Getue wegen Klima, Menschenrechten und so weiter. Alles aufgesetzt. Milena will sich wichtigmachen. So holt die sich ihre Anerkennung, weil sie eigentlich eine total hohle Nuss ist."
Meine Gedanken schienen sich zu verknoten. Jetzt war ich noch verwirrter als vorher. Hatte ich in Oleg und Milena nur das gesehen, was ich sehen wollte?

Dreißig

Ich verbrachte eine schlaflose Nacht. Ständig wälzte ich das Problem mit der Uhr hin und her. Richard würde doch niemals Olegs Uhr klauen. Gleichzeitig konnte ich mir überhaupt nicht vorstellen, dass Oleg und Milena so eine Lüge erfanden. Ich war doch gerade dabei gewesen, mich mit ihnen anzufreunden. Und ich mochte Milena sehr, musste ich mir eingestehen. Wollte ich nur nicht sehen, wie hinterhältig sie war? Richard dagegen hatte mir geholfen. Und ich hatte den Eindruck, dass er mich so akzeptierte, wie ich eben war. Das war mir viel wert. Trotzdem begann ich, an unserer Freundschaft zu zweifeln. Das ist das Gift, dass Milena und Oleg verspritzt haben, sagte eine Stimme in mir. Richard nutzt dich aus, sagte eine andere. Und plötzlich fiel mir etwas ein. Genauer gesagt fiel mir jemand ein, den ich zu Richard befragen konnte. Jemand, der ihn gut kannte. Und das tat ich am nächsten Morgen.
„Ramon, können wir uns mal kurz unterhalten?“,

fragte ich ihn in der großen Pause. Ramon sah mich überrascht an. „Brauchst du mal wieder 'n paar aufs Maul?“
„Nee, ernsthaft“, sagte ich. „Ist wichtig.“
„Na gut“, sagte Ramon zögerlich. „Ich weiß zwar nicht, warum ich mich mit dir Superstreber unterhalten soll, aber meinetwegen.“
Ich kam mir mies vor, Richard hinterherzuschnüffeln, aber was sollte ich machen?
„Du kennst doch Richard gut“, begann ich.
„Und?“, fragte Ramon achselzuckend.
„Ich meine, du kennst ihn doch schon seit dem Kindergarten, du weißt doch ...“
„Hä?“, unterbrach mich Ramon. „Wer erzählt denn sowas? Ich kenne Richard, seit wir hier auf der Schule sind. Also seit der siebten.“
Aber Richard hatte doch behauptet, er würde Ramon seit dem Kindergarten kennen und dass er genau wüsste, wie Ramon ticken würde. Das war bei meinem ersten Gespräch mit Richard gewesen.
„Sonst noch was?“, fragte Ramon.
Ich saß da wie versteinert. Das bedeutete, dass Richard mich angelogen hatte. Womit hatte er noch gelogen?
„Und diese Geschichte mit Oleg?“, fragte ich.
„Welche Geschichte?“, fragte Ramon zurück.

„Na ja, Oleg hat doch behauptet, ihr hättet rumgemacht." Für einen Moment rechnete ich damit, dass Ramon mich schlagen würde. Doch stattdessen fing er zu lachen an. „Du bist echt 'n seltsamer Vogel", sagte er.
„Also, hat Oleg das jetzt erzählt oder nicht?"
„Keine Ahnung. Richard hat das rumerzählt."
„Richard?", fragte ich erstaunt.
„Ja", antwortete Ramon. „Oleg war gar nicht in der Schule, als das Gerücht aufkam. Der lag im Krankenhaus. Beinbruch. Aber Richard hat ihn dort besucht und das hinterher behauptet."
„Hhm, hhm", machte ich.
„Eigentlich trau ich 's Olga auch nicht zu", sagte Ramon weiter. „Der ist zwar komisch und nervt, aber er ist kein Arschloch."
„Meinst du, Richard hat das erfunden?"
„Nee, kann ich mir auch nicht vorstellen. Warum sollte er?"
Ramon machte Anstalten, zu gehen. „Wenn mich die anderen mit dir sehen, denken die noch, ich wär auch seltsam."
Da fiel mir noch etwas ein: „Warst du neulich bei Richard zu Hause. Als er krank war?"
Ramon schüttelte den Kopf. „Ich war noch nie bei Richard zu Hause."

Einunddreißig

Ich blieb noch eine Weile auf dem Schulhof, um nachzudenken. Das Klingeln zum Pausenende bekam ich gar nicht mit. In Gedanken versunken setzte ich die einzelnen Puzzleteile über Richard zusammen. Ich dachte an die Geschichte mit dem Auto seines Bruders. Dazu die Märchen über seine Familie. Das Geld, das er nie zurückgab. Die Lügen über Ramon und ganz sicher auch über Oleg und Milena.
Mir fielen immer mehr Szenen ein, in denen Richard nicht gut wegkam: die Mitschülerin in der Caféteria, die gesagt hatte, dass Richard nix machen würde, wenn sie zusammenarbeiteten. Seine Beleidigungen über Sina, die ihm einen Korb gegeben hatte. Dann unser erstes Treffen am Kino, als er sagte, ich hätte das mit dem Film falsch verstanden. Genauso wie den Treffpunkt bei der Party am See. Und woher wussten Lucia und Malu, dass ich sie Giftspritzen genannt hatte?

War Richard derjenige, der log, manipulierte und mich ausnutzte? Das konnte nicht sein. So leichtgläubig war ich doch nicht. Oder?

Und so fies konnte Richard doch nicht sein.

Oder?

Ich ging rüber ins Schulgebäude. Ich würde Richard ins Gesicht sehen und ihn fragen, ob er mich verarschte.

Ich weiß nicht, woher ich diesen Mut nahm. Aber ich wusste, wenn ich es nicht sofort machen würde, würde ich es gar nicht mehr machen. Auch wenn Richard deswegen beleidigt wäre, aber das musste unsere Freundschaft einfach aushalten – wenn sie echt war.

Mir fiel ein Spruch meines Vaters ein: *Freundschaft bedeutet Ehrlichkeit.*

Ich ging direkt in die Caféteria, um auf Richard zu warten. Ich wusste, dass er in der großen Pause hier arbeiten würde. Noch während ich dasaß, überlegte ich, wieder zu gehen. Was erwartete ich denn?

Wenn ich Richard vorwarf, dass er mich anlog, wäre es mit unserer Freundschaft garantiert vorbei. Und wenn es stimmte, würde er mir neue Lügen auftischen, die ich nicht widerlegen könnte.

Gerade als ich beschloss, wieder abzuhauen, um

nochmal in Ruhe über alles nachzudenken, hörte ich Richards Stimme: „Hier hast du dich also verkrochen." Er grinste. Und irgendwie kam mir das in diesem Moment falsch vor. „Du hast die Uhr genommen. Und du hast das Gerücht verbreitet, Oleg hätte mit Ramon rumgemacht", platzte es aus mir raus. Da war plötzlich diese Wut in mir. „Und du warst auch nicht mit Ramon im Kindergarten. Und du hast bei Ramons Eltern angerufen unter meinem Namen. Du lügst dir einen absoluten Scheiß zusammen."

Richard sah mich nur mit seinem typisch spöttischen Blick an.

„Es gibt auch garantiert keine Promis, die bei euch ein und aus gehen. Deine Mutter ist gar keine richtige Produzentin", warf ich ihm weiter vor. „Und dass deine Eltern solche Abzocker sind, stimmt garantiert auch nicht. Außerdem erzählst du anderen Dinge über mich, die überhaupt nicht stimmen. Und du schuldest mir jede Menge Geld."

Ich spürte, dass ich rot geworden war. Mein Puls raste und mir brach der Schweiß aus.

Richard hatte mich währenddessen weiterhin mit diesem Grinsen angesehen, so als wäre das alles nur ein Witz für ihn.

„Kannst du auch mal was dazu sagen?", schrie ich

ihn an. „Warum machst du so einen Scheiß?" Am liebsten hätte ich ihm eine reingehauen.

Richard blieb total cool. „Um mal deine komischen Fragen zu beantworten …", sagte er ruhig, „… Oleg hat das mit Ramon selber erzählt. Meine Mutter produziert Filme, das hast du selber im Internet nachgelesen. Und meine Eltern SIND fies. Und die Uhr habe ich nicht geklaut. Das habe ich nicht nötig. Und dein Geld kriegst du schon zurück, du Geizkragen."

„Und diese ganze Geschichte mit dem Auto von deinem Bruder? Der wusste doch garantiert nicht, dass du sein Auto fährst."

„Aber dafür weißt du es, ja?", sagte Richard boshaft. „So wie du alles weißt. Denkst du jedenfalls, du Genie. Und weil du keine Beweise hast, reimst du dir welche zusammen." Richard winkte ab und sah sich gelangweilt in der Cafeteria um. Das schien ihn alles nicht besonders zu interessieren.

„Ich hab's nicht geglaubt, wenn andere gesagt haben, dass mit dir was nicht stimmt", sagte ich, worauf Richard nur lachte. „Warum verarschst du die Leute?"

„Geh doch woanders hin und heul da weiter", schlug Richard vor. Er erhob sich und wandte sich

zum Gehen ab. Doch dann hielt er inne und sagte: „Du hast doch immer bereitwillig bei allem mitgemacht. Hast deinen Spaß gehabt. Tu doch nicht so scheinheilig. Als hätte ich dich groß zu irgendwas überreden müssen."
Ich verstummte. Irgendwas lief hier gewaltig schief. Richard hatte den Spieß einfach umgedreht und jetzt war ich der Böse.
„Du warst doch ganz heiß darauf, Scheiße zu bauen", redete Richard weiter. „Und jetzt machst du dir ins Hemd, das alles rauskommt. Aber wenn hier einer Ärger kriegt, dann bin ich das. Deine Eltern lassen dich bestimmt nicht fallen. Meine mich schon. Die warten doch nur auf eine Gelegenheit, mich wieder ins Heim zu stecken."
Er stand auf. „Also überleg dir, was du über mich erzählst. Sonst werde ich deine ganze miese Persönlichkeit ans Licht zerren und allen zeigen, was für einer du in Wahrheit bist. Und jetzt kannst du mich mal am Arsch lecken." Dann drehte er sich um und verschwand.
Ich saß wie betäubt da und kam mir vor, als wäre ein ICE über mich hinweggerast.

Zweiunddreißig

Am nächsten Tag war Olegs Uhr wieder da. Sie lag einfach so in seinem Spind. Oleg hat dann auch nichts weiter unternommen. Ich bin sicher, dass Richard dahintersteckte. Seit unserem letzten Gespräch in der Caféteria sprachen wir kein Wort mehr miteinander. Wir ignorierten uns komplett. In der Schule gab Richard weiterhin den Obermacker. Er war fröhlich, machte Witze und war freundlich zu allen. Außer zu mir.

Dann kam Richard eine Weile nicht mehr. Erst hieß es, er wäre krank, später dann, er würde jetzt auf eine andere Schule gehen. Niemand hörte noch etwas von ihm.

Ein paar Mal war ich drauf und dran, Richard anzurufen.

Doch meine Eltern haben mir davon abgeraten. Ich habe ihnen nämlich die ganze Geschichte erzählt. Also, fast die ganze Geschichte. Das Klauen oder das Autofahren habe ich lieber nicht erwähnt. Aber ich habe ihnen genau beschrieben,

wie Richard so drauf war und dass er immer wieder gelogen hat. Jedenfalls sind sie voll auf meiner Seite. Sie sagen, es gebe toxische, also giftige Menschen – auch wenn das vielleicht blöd klingt. Das sind Menschen, die ihre Umwelt manipulieren und ausnutzen. Und die instinktiv die Schwachstellen bei anderen erkennen. Solche Menschen seien eigentlich krank, sagen meine Eltern. Die hätten eine Persönlichkeitsstörung. Sie machen andere klein, damit sie sich umso größer fühlen können. Und ich soll mir bloß keine Vorwürfe machen, dass ich auf Richard reingefallen bin. Das könnte jedem passieren. Toxische Menschen seien nicht einfach zu erkennen, weil sie gute Schauspieler seien und sehr freundlich sein könnten. Aber in Wirklichkeit ist das alles nur Show. Hinter ihrer Fassade ist es absolut leer. Was für ein gespenstischer Gedanke!
Egal.
Ich habe damit abgeschlossen.

Aber dann habe ich Richard doch noch mal gesehen. Im Kino. Ich war mit Milena in einem Horrorfilm. Als wir rauskamen, stand Richard da, zusammen mit einem Jungen, den ich vom Späti kannte.

„Das ist der falsche Film“, hörten wir Richard zu dem Jungen sagen.
„Nee“, sagte der. „Das ist der richtige.“
„Offenbar hast du mir nicht richtig zugehört“, beschwerte sich Richard. „Oder du hast das falsch verstanden. Ich will diesen Schwachsinn nicht sehen.“
Der Junge seufzte und sagte dann: „Ich tausche die Karten um.“
Richard grinste zufrieden. Doch als er Milena und mich sah, versteinerte sein Gesicht für einen winzigen Moment, bis er sich wieder im Griff hatte. „Milena, Matthis“, rief er mit aufgesetzter Fröhlichkeit. „Ist ja cool, dass ihr auch hier seid.“
Weder Milena noch ich gingen darauf ein. Stattdessen wandte ich mich an Richards Kumpel und sagte: „Such dir andere Freunde. Richard bescheißt dich nur. Hat er mit mir auch gemacht. Wenn du mehr wissen willst, ruf mich an.“
Richard lachte gequält, während sein Kumpel mich verwirrt ansah. Vielleicht hatte ich ja etwas in ihm ausgelöst.
Dann gingen Milena und ich grußlos davon, ohne uns noch einmal umzusehen. Ein Spruch meines Vaters fiel mir ein: *Wer nur zurückschaut, kann nicht sehen, was auf ihn zukommt.*

GAME OVER

Daniel Höra
CARLSEN CLIPS: KILLYOU!
Taschenbuch
128 Seiten
ISBN 978-3-551-31659-2
Auch als E-Book erhältlich

TIM HAT ES IM GRIFF: Schule, Kumpels, Chillen und Zocken am Computer. Vor allem das Spiel CALL OF THE FORCE zieht ihn so richtig rein. Denn da ist einfach alles drin: Strategie, Geballer, Action, Rätsel ... Bald sitzt er nächtelang am Bildschirm, schottet sich ab, kann Realität und Fantasie kaum noch auseinanderhalten. Er verliert Freunde, belügt seine Mutter. Und irgendwann stellt sich die Frage: Findet Tim überhaupt noch zurück in die echte Welt?